文津讲读会演讲录

第一辑

国务院参事室公共政策研究中心
当代绿色经济研究中心　编

科学出版社
北京

内容简介

"文津讲读会"是国务院参事室、《人民日报》全媒体平台和科学出版社共同主办的一项高端学术与文化活动，定期邀请海内外知名学者和专家进行主题演讲，并整理成册。本书系《文津讲读会演讲录》（第一辑），包含"世界人力资源流动趋势及启示"、"中国人力资源开发趋势与战略构想"、"人力资源与创新"和"经济新常态下的人才流动趋势"四篇文章；分别介绍了世界人力资源的流动趋势及如何帮中国企业走出去，中国人力资源强国战略构想及实施方案，人力资源与创新、创业与创新的相互作用，经济新常态下谨慎乐观的就业形势及应对策略。本书紧跟人力资源发展前沿动态，内容翔实。

本书可供从事人力资源研究的相关学者及业界同仁阅读，也可作为社会公众的参考读物。

图书在版编目（CIP）数据

文津讲读会演讲录. 第一辑 / 国务院参事室公共政策研究中心，当代绿色经济研究中心编. —北京：科学出版社，2017.6

ISBN 978-7-03-053189-6

Ⅰ. ①文…　Ⅱ. ①国…　②当…　Ⅲ. ①社会科学-文集　Ⅳ. ①C53

中国版本图书馆 CIP 数据核字（2017）第 118420 号

责任编辑：马　跃　方小丽 / 责任校对：李　影

责任印制：张　伟 / 封面设计：无极书装

科学出版社 出版

北京东黄城根北街 16 号

邮政编码：100717

http：//www.sciencep.com

中国科学院印刷厂 印刷

科学出版社发行　各地新华书店经销

*

2017 年 6 月第　一　版　开本：720×1000　1/16

2017 年 6 月第一次印刷　印张：7

字数：132 000

定价：58.00 元

（如有印装质量问题，我社负责调换）

目　　录

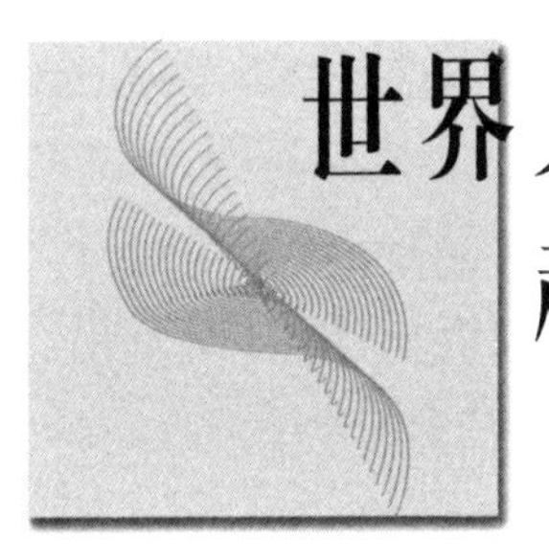

世界人力资源流动趋势及启示

》 于志伟

大家好！非常感谢《人民日报》、国务院参事室的邀请，今天很荣幸在这里跟各位领导分享关于领英拥有的全球大数据这样一个洞察全球人才的趋势。

一、领英的人力资源信息优势

谈到这个话题，我们首先看一下为什么会由领英来做这个事情。因为我们讲的大数据，可能跟平时大家看到的全球人才趋势报告有些不同。为什么？在座的各位领导，尤其是在人力资源领域做了很久的，经常看到分析全球的、全国的、美国的、欧洲的等各种报告，但是这些报告绝大多数是用样本反映全体现象。例如，某个著名的美国咨询公司，调研了1000多家企业的4000多名员工，得出全球人才的趋势，基本是这种模式。

但是全球有多少个国家，多少个行业！行业又分大、中、小不同类型，不能以偏概全，但是在原有的技术下只能这么做。那么，在大数据下，领英在全球有5亿会员，其中，美国有1.38亿，美国的人口是3亿多，其中15~60岁的人群（因为只有这个人群是真正具有劳动能力的）占50%左右，而领英的会员有1.38亿，80%多的美国劳动人口都在这。

全球最大的职业社交网站

拥有超过**5**亿用户

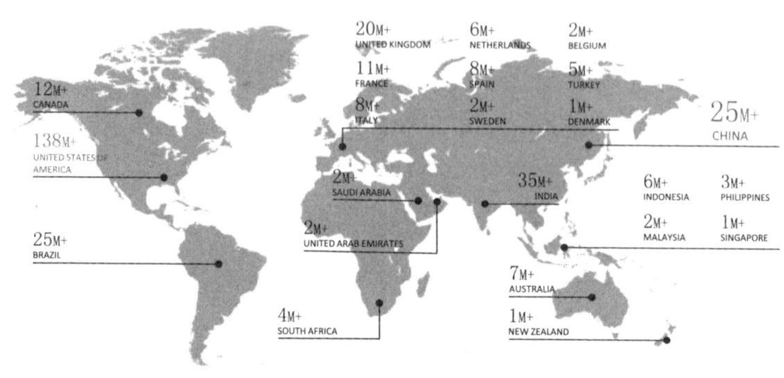

全球超过 5 亿用户 | 每秒钟 +3 名用户 | 中国超过 2500 万用户

此图来自作者的演讲 PPT，不再一一翻译

在欧洲，英国有 2300 万领英会员，英国的人口是 6000 多万，减去老人、小孩是 3000 多万，也覆盖将近 80%。澳大利亚在亚太区各个方面的技术是比较先进的，它有 800 多万领英会员，澳大利亚的人口是 2442 万，可见在主要的经济发展国家或者重点的发展中国家我们都覆盖到了。领英只在两个国家的人才覆盖没有那么全面：一个国家是日本。它有自己的一套体系，不是用领英模式，日本有 1 亿多人口，只有 200 多万领英会员。另一个国家是德国，根据 2017 年 4 月德国政府统计局数据，劳动人数为 4394.5 万人，截至 2016 年底，德国领英会员数为 6 644 276 人，覆盖 15.1%，主要集中在工程和机械领域。

大数据信息是什么？例如，日本才 200 多万会员，但是这 200 多万是中高端人员，我们对他们的信息扫描之后，得到的日本分析比原来的样本分析准确。

领英的 5 亿会员中，90%以上的信息都是真实的。我给大家看一下我自己的领英简历。于志伟，2014 年 11 月至今是领英中国副总裁，2011 年 5 月到 2014 年 10 月是在惠普任大中华区总经理，2009 年 10 月到 2011 年

4 月是做大中华区的售前总监。

于志伟

领英中国副总裁

LinkedIn领英中国 • 北京大学

中国 北京市区 • 500+

InMail

工作经历

营销副总裁

LinkedIn领英中国

2014 年 11 月 - 至今 • 2 年 7 个月

Beijing

负责linkedin领英中国业务战略制定和执行，业务团队建立，业务流程设计。包括销售，管理，专业服务，解决方案，售后服务等。

大中华区总经理

惠普软件集团

2011 年 5 月 - 2014 年 10 月 • 3 年 6 个月

北京 上海

领导惠普软件集团大中华区（中国大陆，香港，台湾，澳门）。负责全面的战略制定和业务拓展。

大中华区售前总监

惠普

2009 年 10 月 - 2011 年 4 月 • 1 年 7 个月

中国 上海市区

拓展在IT管理 云计算 和 专业测试方面的行业解决方案。领导30多人的技术团队实现公司目标

大中华区售前总监

惠普

2009 年 10 月 - 2011 年 4 月 • 1 年 7 个月

中国 上海市区

拓展在IT管理 云计算 和 专业测试方面的行业解决方案。领导30多人的技术团队实现公司目标

渠道事业部总经理

SAP 中国

2007 年 12 月 - 2009 年 9 月 • 1 年 10 个月

Shanghai

带领SAP中国渠道销售和渠道管理团队 负责渠道拓展，中小企业市场销售

技术总监

SAP 中国

2004 年 8 月 - 2007 年 12 月 • 3 年 5 个月

上海

负责针对中小企业设计的解决方案，拓展直销和分销客户

我的这些信息为什么是准确的？因为我的无数前同事会跟我做一个微信一样的连接，在连接的过程中如果我的信息不准确，他们会问："志伟，你原来没做总经理，怎么写个总经理在上面，这是什么意思。"这种信息的相互确认反倒把你的信息变得越来越准确。

而中国和其他很多国家的简历式的信息是非常不准确的。不知道在座各位的周围有没有这样的朋友：没工作时要找工作，赶紧把简历更新一下，他一旦找到工作，半年、一年都不再动简历。而在领英不是这样，因为他不仅仅是找工作，更重要的是分享知识，所以更加真实。领英大数据跟其他模式不同的地方：一是覆盖范围非常广，涵盖全球每一个重点国家；二是更真实。

下面看一下它的特点，美国会员中拥有经理及以上职位的占 39%，拥有 5 年及以上工作经验的占 73%，拥有 3 年以上工作经验的在 90%以上，在 1 万人以上大型企业工作的占 29%，也就是说全球百强企业 80%都在这里面。领英 5 亿会员，跟其他社交平台的最大区别是什么？它代表的不能说精英层，而是代表中高端劳动力人群，您要找建筑工人、助理，很少在这个人群发现，但是只要高级技术人员、工程人员、销售经理，基本上全球百分之八九十都在这里。

美国总人口数3.24亿，21~64岁占58%

美国领英会员数1.38亿

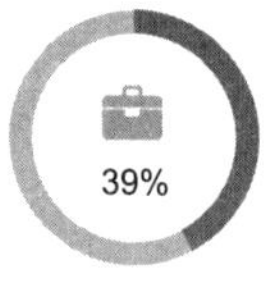

拥有经理及以上职位

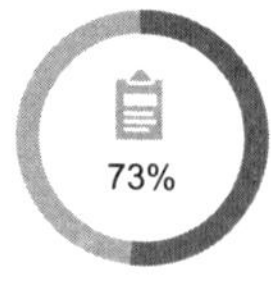

拥有5年及以上工作经验

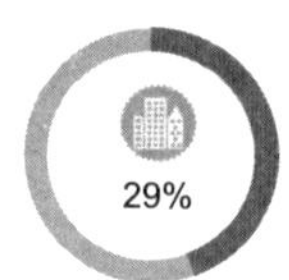

在10 000人以上的大型企业工作

除此之外，领英另外一个特点就是不出理论和逻辑，我们只是把通过大数据看到的事实反映给大家。例如，从人才总量上说，供给和需求是平衡的，但是在某一个国家、某一个行业可能极不平衡，而且是反向的。我们希望给大家全景式的信息，让您自己去判断，我们告诉您的是每天发生的真实的信息，这些信息背后是每一个活生生的人。

in

中国领英会员概况

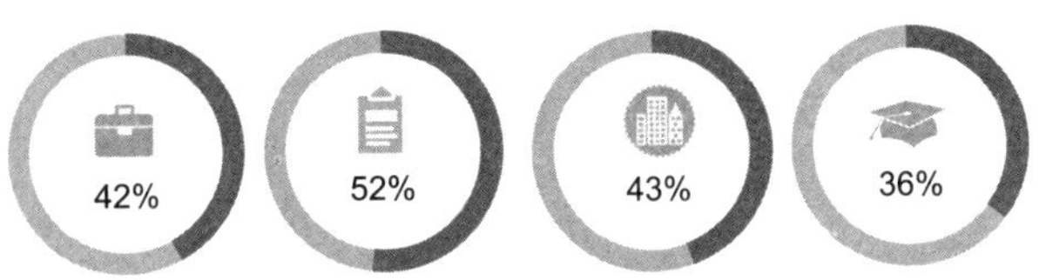

拥有经理及以上职位　拥有5年及以上工作经验　在10 000人以上的大型企业工作　拥有硕士及以上学历

中国的会员更能体现出美国之外其他国家的特点。因为领英起家是在美国，所以美国所有精英基本都是领英会员，在其他的国家基本上就是中高端人才。例如，在中国拥有经理及以上职位的占 42%，比美国还要高，拥有 5 年及以上工作经验的占 52%，在万人以上大型企业工作的占 43%，美国才 20%多，最重要的是拥有硕士及以上学历的有 36%，拥有本科学历的几乎达到 90%。在中国，领英会员集中在北京、上海、广州、深圳、杭州、南京、成都等主要的城市，所以它反馈的信息是中国经济最活跃地区的人群发生的事情。我们可以把它和美国同样的一些城市进行比较，针对美国最热的行业做一些比较，看一看中国和美国在人才流动和人才判别方面有什么区别。举个例子，大家知道 VR（virtual reality，即虚拟现实）人才，对于 VR 人才，美国和中国有哪些认知上的差别，因为通过一些顶级的技术，我们可以判断这些人的素质为什么有不同、区别在哪里。

还有一点特别有趣，我们平台上的职业人士不仅仅包括职场人、职业经理人、创造者，也包括政界人士，如法国新任总统马克龙、已经卸任的美国总统奥巴马、英国前首相、联合国前秘书长、印度总理、世界银行的总裁。有大量的人跟踪他们的信息，他们经常会发表对某个事情的建议，他们有几百万上千万的跟随者（即看这个信息的人），他通过这个跟他想要关注的人群进行互动。

各政要均是领英会员

Emmanuel Macron

Président de la République française.

Présidence de la République

法国 巴黎地区 · 1

建立联系

Barack Obama

Former President of the United States of America

United States of America · 美国哈佛大学

美国 华盛顿都会区 · 500+

建立联系

David Cameron

Former Prime Minister of the United Kingdom

Alzheimer's Research UK · University of Oxford

英国 伦敦 · 0

建立联系

Narendra Modi

Prime Minister of India

Government of India · Gujarat University

Central Delhi, Delhi, India · 0

建立联系

Ban Ki-moon

Former Secretary-General of the United Nations

United Nations · Harvard University

其他 · 3

建立联系

Jim Kim

President at The World Bank

World Bank Group · Harvard University

美国 华盛顿都会区 · 473

建立联系

此图来自作者的演讲 PPT，不再一一翻译

还有很多知名企业家，包括百度的 CEO、比尔·盖茨、李开复等，他们是中外商界领域的重点人士。通过分析他们，可以知道他们的一些观点，如中国人力资源和外国人力资源有什么特点，我们都可以进行这样的分析。

各企业决策者、高管均在领英

Kai Fu Lee
CEO at 创新工场 Sinovation Ventures
Sinovation Ventures (创新工场) • Carnegie Mellon Unviersity
Beijing City, China • 500+

Robin Li
Founder and CEO, Baidu
Baidu • State University of New York at Buffalo
Beijing City, China • 254

Bill Gates
Co-chair, Bill & Melinda Gates Foundation
Bill & Melinda Gates Foundation • Harvard University
Greater Seattle Area • 3

Yuanqing Yang
Lenovo Chairman and CEO
Lenovo • University of Science and Technology of China
Haidian District, Beijing, China • 500+

此图来自作者的演讲 PPT，不再一一翻译

我们知道全球大概有 30 亿劳动力，未来我们希望为这 30 亿劳动力创造经济机会，这个经济机会包括提供一个新的职位或者一个新的商业机会。

in

我们的愿景

为全球30亿劳动力中的每一位创造经济机会，
进而创建世界首个经济图谱

如何去创造这些机会？我们通过 5 亿会员的动态反映精英的走势在发生什么变化。我们在很多国家绘制经济图谱。经济图谱就是通过领英会员所在行业的变化、公司的变化、职位多少的变化，如当年供应链增加或减少，反映经济的变化，包括技能的改变。

世界首个经济图谱

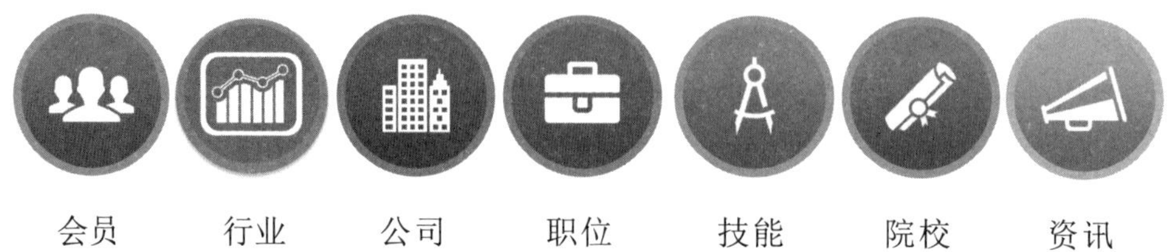

领英有 140 多个大的行业；有 700 万家公司，有 500 万个职位，这 500 万个职位都是中高端的，如顶尖的顾问、经理；有 80 亿项技能认可，这点也是很重要的，它是针对每个会员的技能认可，但这个技能认可必须是其他会员给你的，其他会员认可你有管理能力、有云计算能力、有大数据能力，是个客观的评价；有 2.7 万所院校，这些院校毕业生都到哪里去，进入哪些重点行业，包括海外的留学生从哪些院校毕业的，在哪里学习什么专业，这些信息都包括其中。

世界首个经济图谱

《哈佛商业评论》有一篇文章分析了美国 2010~2014 年不同城市职场社交发达程度与否对其就业增长的影响。就业增长可以反映一个地区

的经济情况，而职场社交行为可以反映就业增长的变化。职业社交很多，意味着我们彼此知道更多对方的信息。例如，我知道一个机会适合你，我会推荐给你，这种社交的密切联系会促进就业增长。所以，互联指数增加 0.1，就业率增加 1%。

社交越密集，经济越繁荣

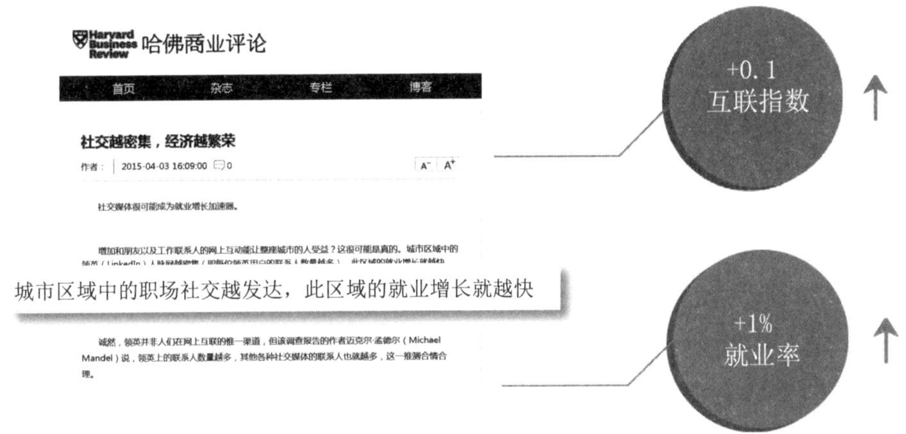

二、从人才看经济——全球人才趋势的变化

前面是一些背景信息，告诉大家我们在做大数据分析时是依靠什么样的数据库和信息（包括会员信息、公司信息、行业信息）做出来的分析。下面我们对这些信息进行分析，看看这些信息是怎样产生的，哪些是反映某个国家的人才趋势，哪些是反映某个城市和行业的人才趋势。

下面我们从三个方面分析人力资源全球人才趋势的变化：一是从人才看经济。我们通过这些不同人才的技能变化判断什么对经济产生影响。二是把海外人才请进来。但海外人才在哪里？我们要请什么样的人才？他为什么回国？他回国的驱动力是什么？我们把这些展示给大家。三是帮中国企业“走出去”。无论在“一带一路”的理念下，还是中国企业走到美国去（走到美国不是大家真正去美国，而是进入某个行业、某个城市），对应这方面人才的哪些变动会影响中国企业的发展。

从人才看经济　**把海外人才请进来**　**帮中国企业走出去**

本部分主要分析从人才看经济。

从人才看经济　把海外人才请进来　帮中国企业走出去

下面是全球劳动力就业市场的分析，2015 年 2 月到 2016 年 2 月领英上每个月职位的浏览量在 1 亿~1.5 亿次，而且总量在增加。过去一年无论

全球劳动力就业市场分析

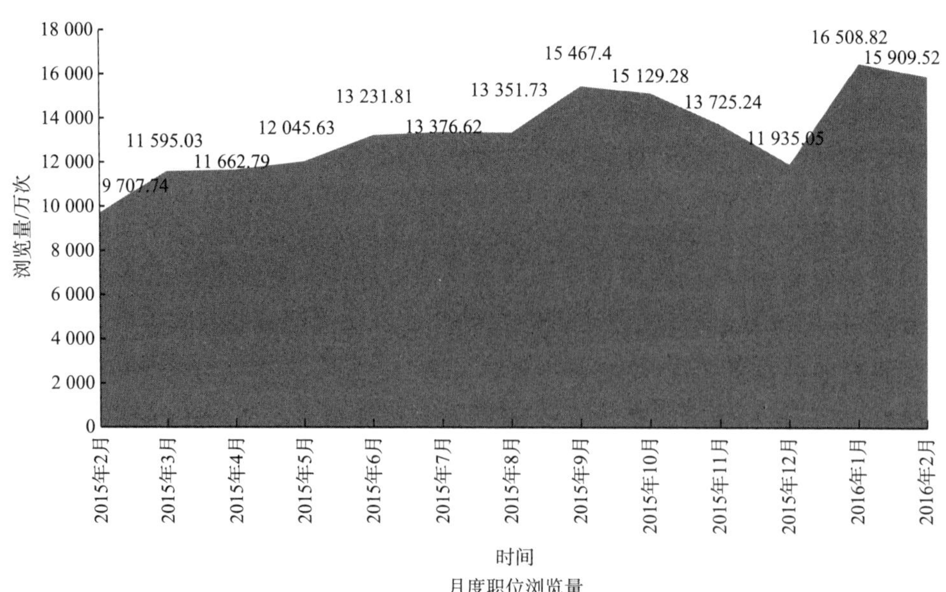

月度职位浏览量

是美国还是其他区域，职位浏览量都在增高。如下图所示，每个职位的月度点击量和申请量在 600 万~800 万，能判断出这些高端职位增加的趋势，但是一到重点月份，像 12 月（圣诞节大家都不急于找工作）必然降低。

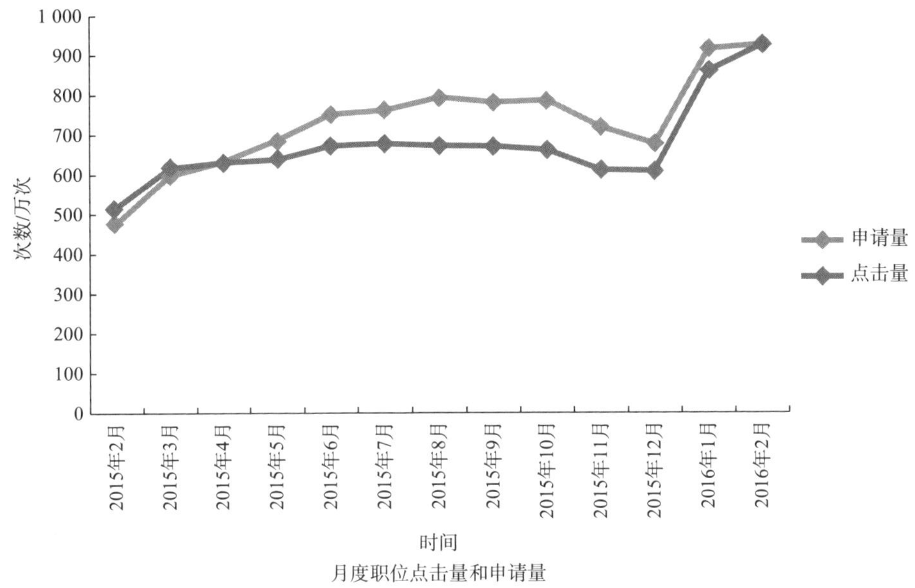

月度职位点击量和申请量

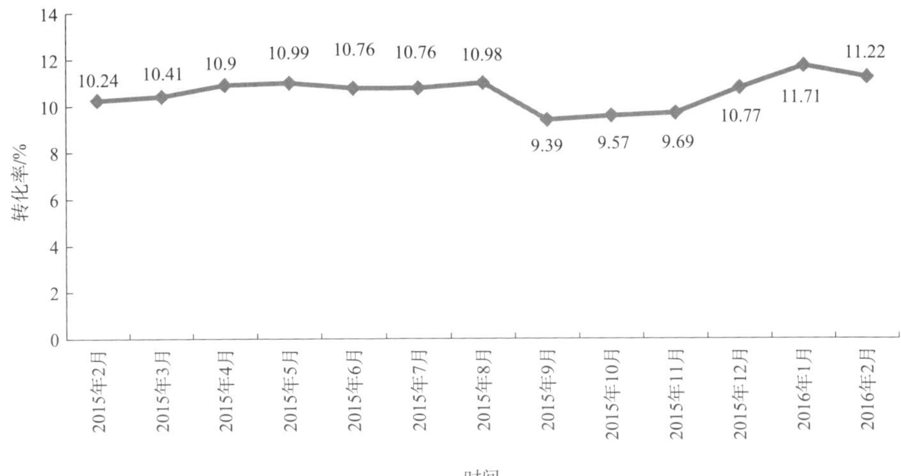

月度职位浏览申请转化率

下面分析全球劳动力技能，我们仍以年为概念。如下图所示，微软 Office 是个进入职场都要会的基本技能，左侧表示拥有这个技能或从事这些领域工作的人在变少，变少的意思是他拥有这个技能，但是他离开了这个行业；右侧是新增的技能，新增的技能就是说又有更多人要学习这个技能，通过掌握这个技能能进入新的领域。

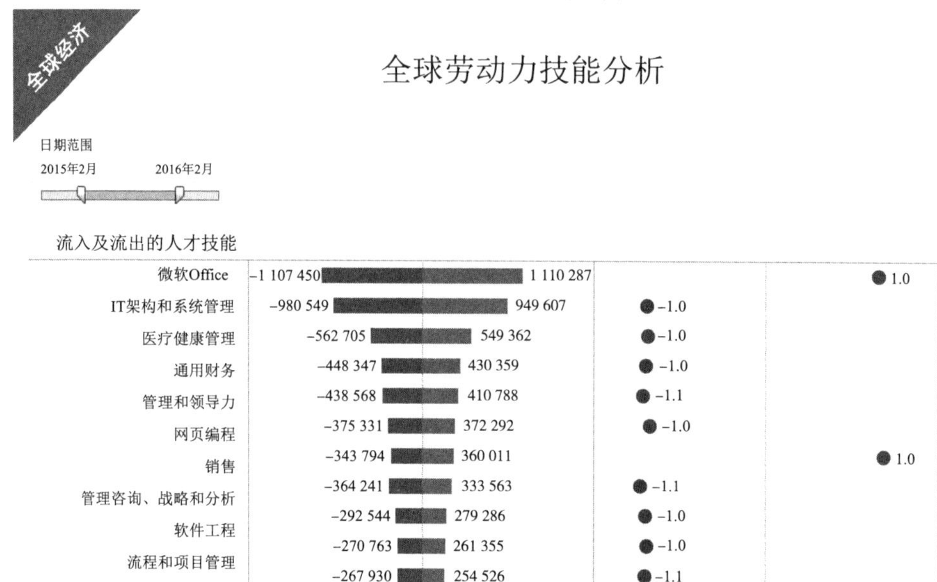

上图中左侧代表该技能在慢慢变弱，可以看出，IT架构和系统管理、通用财务、管理和领导力等比较通用型的技能减少较多，说明想要在这些相关领域发展的人在变少。而只有微软 Office、销售、C++、市场活动管理在变多，说明这几个技能是很多职场人士想要重点学习的。

这个变少的背后会发生什么？我们做了另一种分析，到2020年基本上全球会有700万个职位消失，因为很多技能、很多新领域的技术出现会取代它们，会增加200万C++等这些人，但是职位总量会减少500万。以前我们希望人才至少拥有本科学历，但应该提高哪些技能才具有市场作用，企业家才愿意招聘他？他学了大学本科，不一定有人要他，但是他学了IOS的开发，一定大受欢迎。我们揭示了这些导向性的趋势，使得职场人了解哪些技能才是劳动力市场最急需的。

之前中国是最大的人才流出国，美国是最大的人才流入国，很多分析都这样讲。而我们能够看到跨国、跨区域的变化，如一个人从美国加入印度一家企业，或者从中国加入美国一家企业我们都能看出来，因为他会更新自己的简历。从下图可以看出，人才流入最高的国家是阿拉伯联合酋长国（简称阿联酋），而目前中国与美国的情况差不太多，最大的人才流出国仍是印度。欧洲国家中，英国、法国是人才流出国，德国是人才流入国，这反映出各国人才政策各个方面的变化。而事实上，从人才和就业的角度来看，我们发现全球人才正在被逐渐“拉平”。基于领英人才库中包含传统实业和新兴产业近 20 个大行业和近 100 个细分行业的人才流动统计数据显示，近三年来从新兴经济体流入发达经济体的人才总量约 52 万人。与此同时，同样行业维度的统计显示，从发达经济体向新兴经济体的反向人才流动也高达 49 万。

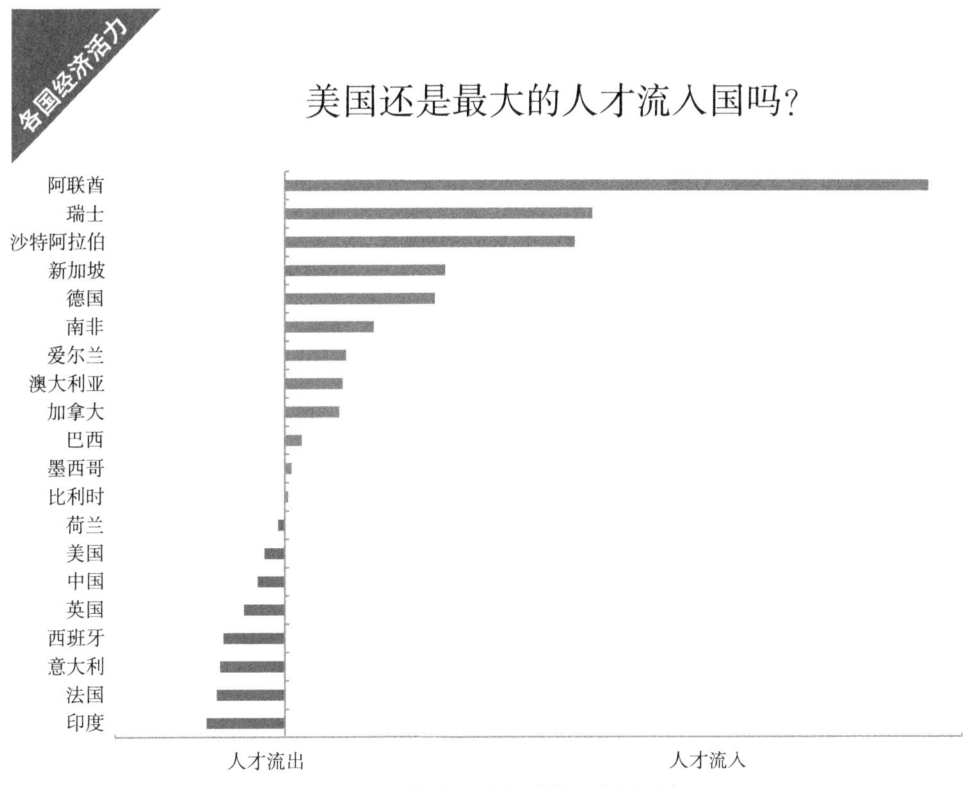

全球人才流动前二十的国家

此外，跨经济体的人才流动现象特别显著，全球范围内除了高科技领域外，发达国家与发展中国家的双向人才流动量几乎一致。而高科技领域中，中国和印度流向美国的人才量比反向流动的量至少多一倍，而且几乎集中在云计算、大数据、VR 和顶级的人工智能领域，这些领域的技术优势导致许多华人都选择留在海外发展。

跨经济体人才流动现象显著 全球人才渐被“拉平”
而在高科技行业，发达国家的吸引力依然强劲

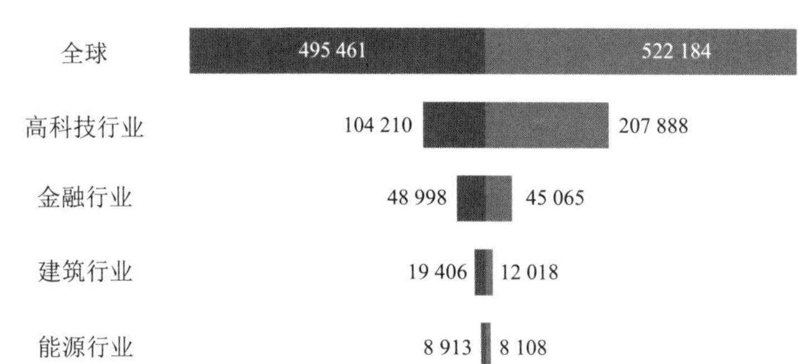

下面来分析不同国家的人才流动。中国和美国人才流动加快，如下图所示，2013~2015 年，美国员工在职时间从 31.5 个月缩短到 29.7 个月，中国从 26.8 个月缩短到 24.5 个月，德国、荷兰等欧洲国家的这一数据越来越稳定。这表明中、美人才的争夺在加强，无论从国家政策面、企业政策面还是院校政策面，人才竞争都在加剧。

从事本行业超过 10 年的人才比率，中国比印度、俄罗斯要强，几乎跟巴西差不多，日本是 24%。过去，人力资源领域的工作者希望人才更稳定一些，跳槽频率更低一些，如果频繁换工作的话会被认为知识沉淀是不够的，很容易被别人超过去。但是，现在跨行业、跨界、跨区域、跨国的人才流动都在增强。

中国、美国人才流动加快
德国、荷兰人才趋于保守

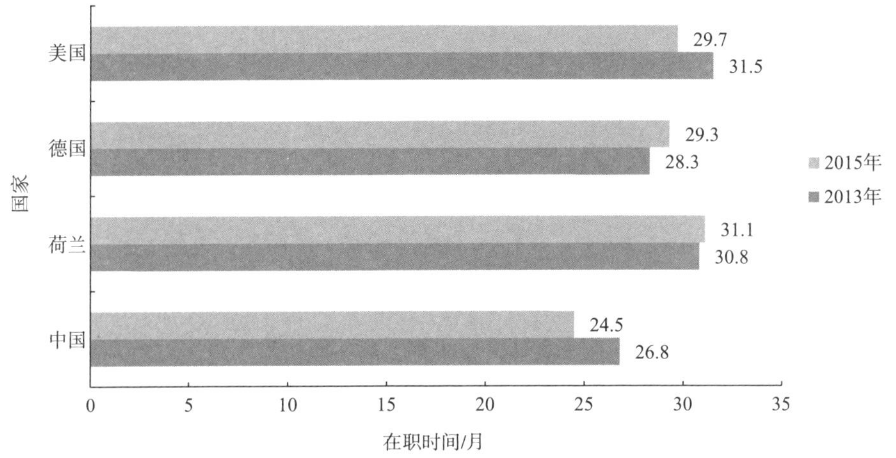

美、德、荷、中四国人才平均在职时间

各国经济活力

蓬勃发展的经济体中，人才更愿意跨界发展

从事本行业超过20年

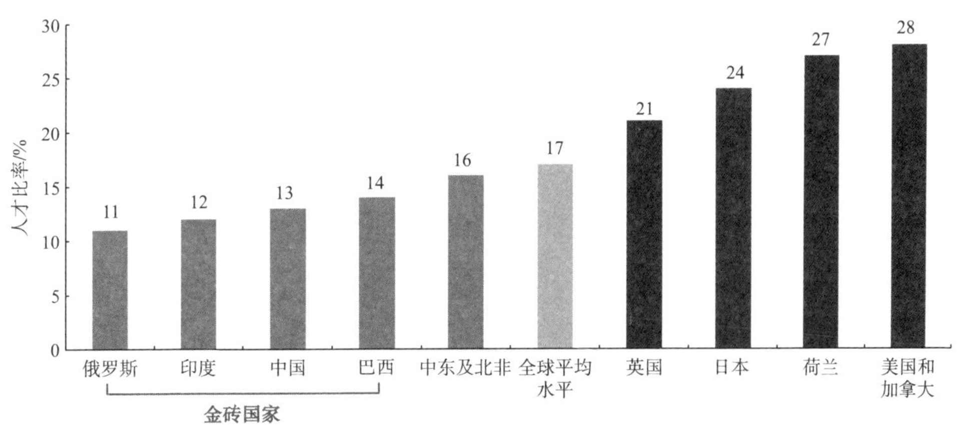

三、把海外人才请进来

从人才看经济　**把海外人才请进来**　**帮中国企业走出去**

第二个话题是把海外人才请进来。我们来分析一下到底什么样的海外人才才是我们最需要的。下图是第三方公布的信息，说全球海外华裔有 5000 万人，其中专业人士有 400 万人，美国有 240 万人，欧洲差不多 80 万人。在领英上有 350 万海外华裔专业人才，目前在美国、加拿大、新加坡、日本等国家的华人占 40%，涵盖了海外华裔人才的绝大多数。我们所说把海外人才请进来，其中 80%是海外华裔人才，之后是海外其他全球性顶尖人物。

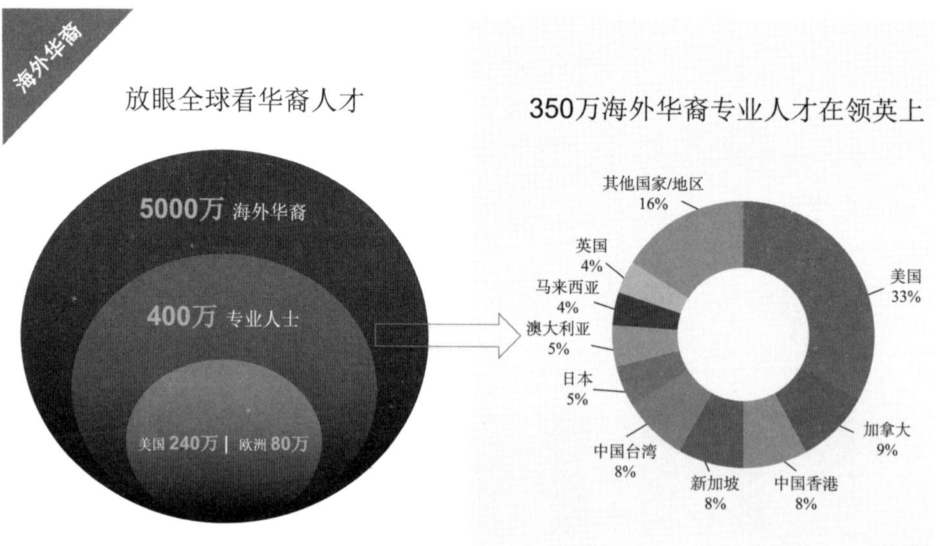

我们分析海外华裔人才时，选择了全球排名前 50 的院校，在通信、计算机、物理、数学、自动化这些领域一共有 1 279 344 位海外华裔人

才。2016 年毕业的博士有 5160 万人，其中会讲中文的华裔学生有 925 万。

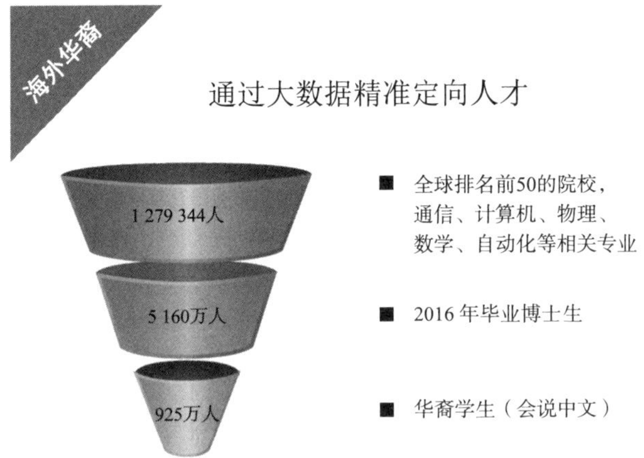

领英分析了海外华裔专业人才在美国的分布，包括南加利福尼亚州、纽约、洛杉矶、哥伦比亚、华盛顿、密歇根等，其中分布最多的还是在大纽约地区，占 14.1%。

在美华裔留学生的分布

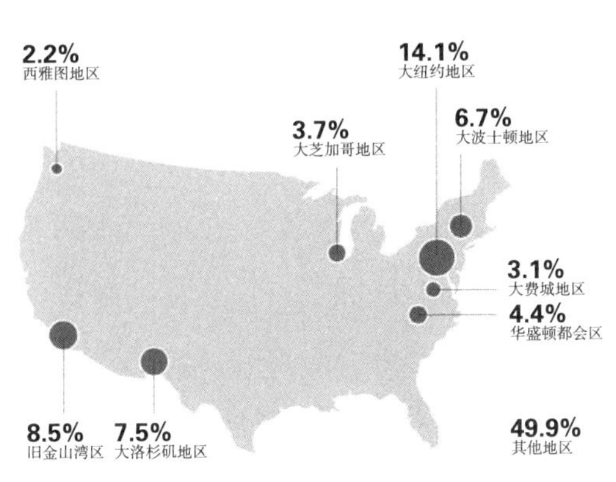

华裔学生人数最多的高校Top10

1. 南加州大学 University of Southern California
2. 纽约大学 New York University
3. 加州大学伯克利分校 University of California，Berkeley
4. 伊利诺伊大学厄巴纳-香槟分校 University of Illinois Urbana-Champaign
5. 加州大学洛杉矶分校 University of California，Los Angeles
6. 哥伦比亚大学 Columbia University in the City of New York
7. 华盛顿大学 University of Washington
8. 密歇根大学 University of Michigan
9. 普渡大学 Purdue University
10. 东北大学 Northeastern University

那么，我们能否直接去这些地方请人才？以旧金山为例，旧金山人才虽然很多，但是抢的人更多，各行各业顶尖的公司都来这里抢人，如果是懂人工智能或者 VR 的人才，像 Facebook、谷歌这样的公司会“重金挖人”。我们后面会分析哪些区域人才供给很多，但是需求量很少，有一些美国的城市是这样。可能同样一个人才，在这个区域要花 100 万美元薪资聘请，在其他区域只需要 60 万美元的薪资。

下图是在美华裔留学生的学历和专业技能，硕士比博士还要多，这就是我们想要的最顶尖的人才，他们加起来 60%多都是硕士及以上的学历，未来这些人才是各种最顶尖技术行业里的领军人物。他们学的专业和技能与我们国内的人才不太相同。

在美华裔留学生的学历、专业和热门技能

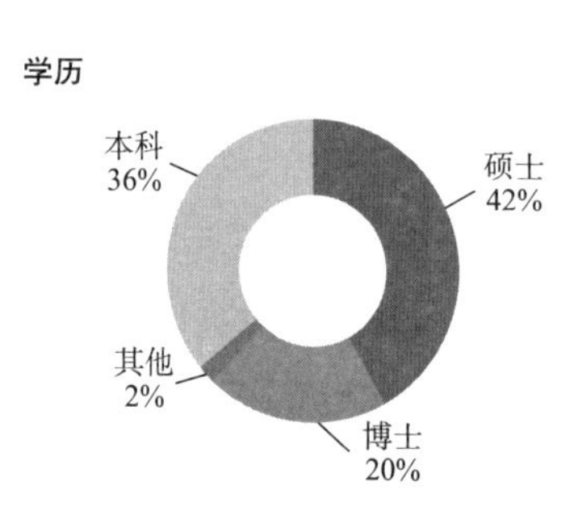

专业前十名	技能前十名
工商管理	研究
计算机	Matlab
经济学	公众演讲
数学	数据分析
电子和电器工程	团队协作
机械工程	社会化媒体
工业工程和管理科学	C++
土木工程	顾客服务
健康科学	Java
新闻和传播	Photoshop

这些拥有能力的人才如果回国，能够为我国 IT 行业的发展做出巨大贡献。

下图是领英平台上全球 VR 相关职位需求比例。其中，美国的需求量是 48%，中国的需求量是 18%，英国、德国分别占 8%和 6%。美国拥有占全球 40%的 VR 人才；其次是英国，占 9%；印度占 4%；中国仅占 2%。我们对比了中国和美国的 VR 人才，美国的 VR 人才在尖端行业的从业技能是工程、创业、信息技术、媒体传播、艺术设计、教育；而中国 VR 人才从事的第一个是工程技术，第二个是销售。VR 人才从业的公司在美国基本都是商业化很好的、顶尖的，如谷歌、微软、英特尔；而在中国除了BAT［BAT是中国互联网公司百度（Baidu）、阿里巴巴集团（Alibaba）、腾讯公司（Tencent）三大巨头首字母缩写］，很多都是创业公司。

中国对VR人才的需求占全球18%，仅次于美国

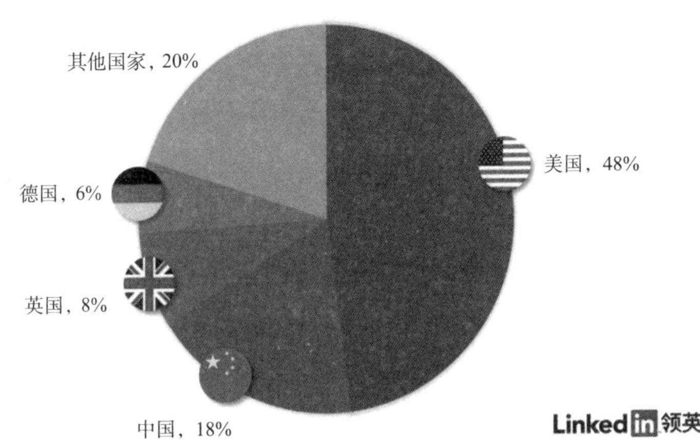

当前领英平台上的全球VR相关职位需求比例

尖端行业

中国拥有的VR人才仅占全球2%

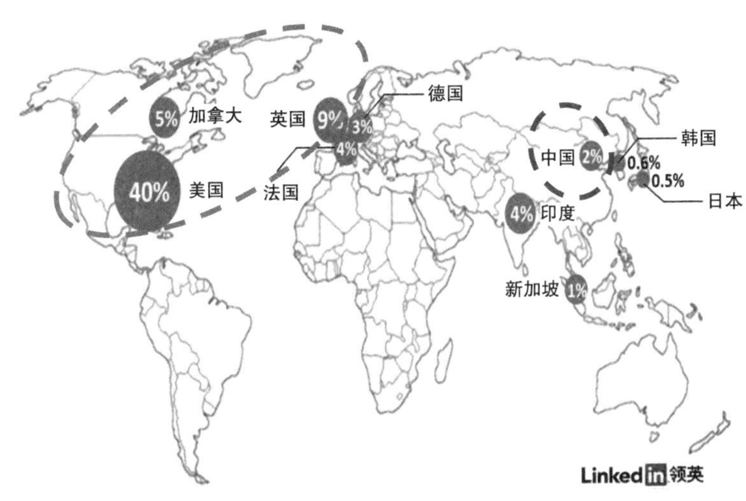

中国VR重销售和项目管理
美国VR商业化成熟，英国、加拿大基础研究强

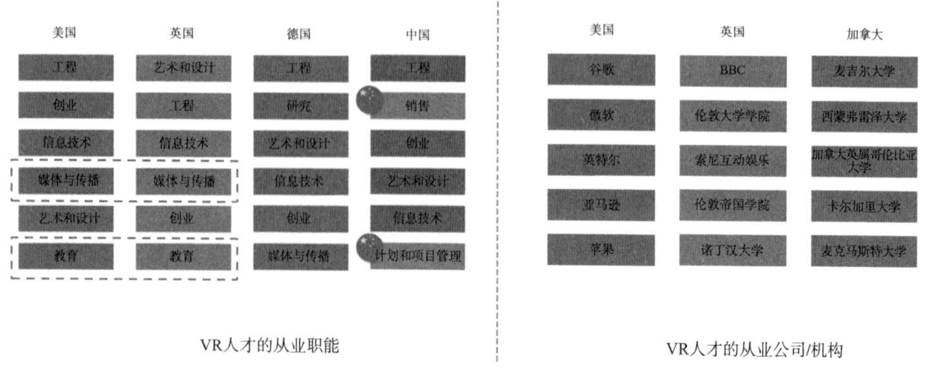

VR人才的从业职能　　VR人才的从业公司/机构

我们曾经分析过一个特别有趣的事，美国的VR人才学的是输入与算法、功能、动能等基础的技能，因为VR要懂得这些技术。而中国VR人才背景是学什么——3D设计、游戏、项目。中国现在巨大的浪潮是把VR商业化，甚至商场都在卖VR眼镜，但是这些技术有那么成熟吗？在获取这些人才的时候，我们要清楚什么样的人才是我们应该引回的、应该保护的。

不单单是VR这个新兴的技术，从行业上来讲，需要加强人才竞争力的包括先进制造业、金融业、互联网与软件行业和医疗健康行业。通过将上海和深圳相关人才的从业年限与慕尼黑、纽约、旧金山、波士顿人才的从业年限对比，不难发现，我国的相关人才数量是不少的，因为这样的行业相对都集中在北京、上海、广州、深圳这样的一线城市，而这些行业的人才也都是人才密集型的中高端人才。

但是，我们发现，中美人才的从业年限几乎相差一半，尤其是金融业和互联网与软件行业，这说明人才在专、精方面相对缺乏竞争力。因此，在具备一定的数量基础后，未来应思考在人才技能提升方面应该怎样平衡；当我们把海外人才引进来的时候，哪些专业和技能的人才才是我们真正需要的，最终能实质性地帮助我们改变人力资源结构。

国内城市与国际对标，可着重引进资深人才

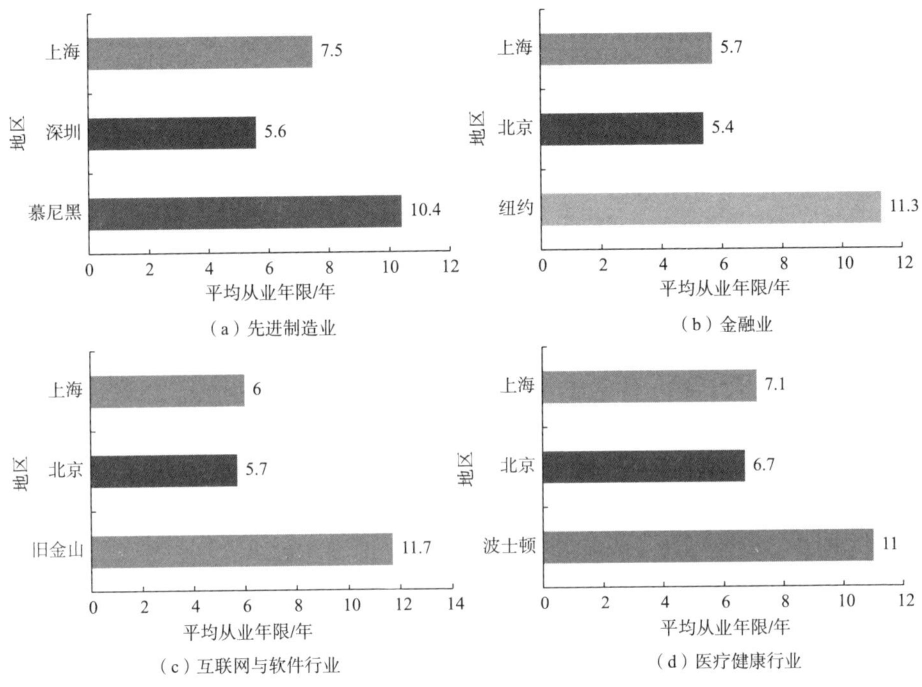

（a）先进制造业

（b）金融业

（c）互联网与软件行业

（d）医疗健康行业

中外平均从业年限对比

旧金山的研发工程师比例超过北京和上海

并且有显著比例的创业人才

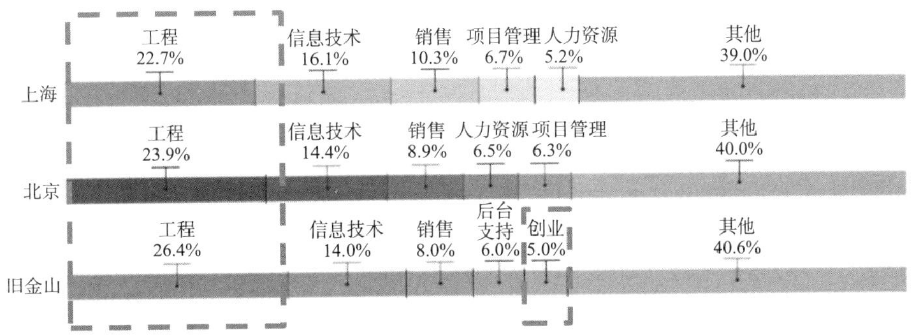

互联网与软件行业职能

四、帮中国企业走出去

从人才看经济　　把海外人才请进来　　帮中国企业走出去

第三个话题是帮助中国企业“走出去”。

走向发达国家

美国云计算行业

人才数73万，但是竞争日趋激烈

人才供给和需求所在地区

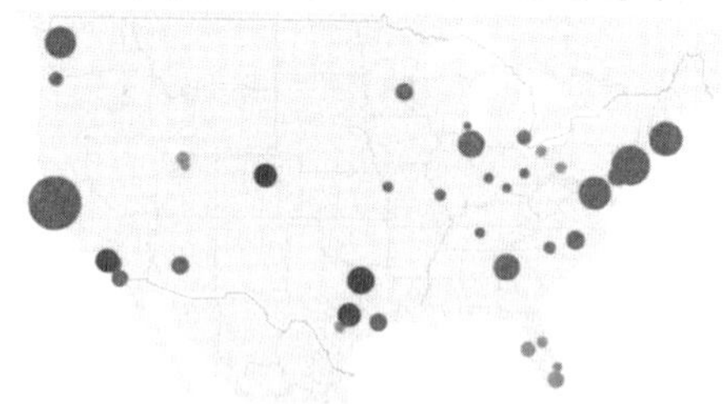

总览

LinkedIn上的人才库总数

737K

人才竞争激烈程度

Low	Moderate	高

人才竞争激烈程度在全行业中处于前10%

人才竞争趋势

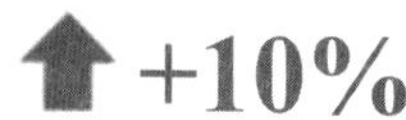

该行业人才在过去一年收到的LinkedIn站内信数量较前一年增加了10%

地区	人才库数量	人才竞争	人才竞争趋势
San Francisco Bay，CA	109K	Higher	↔
New York City，NY	59K	Higher	⬆
Boston，MA	43K	Higher	⬆
Washington D.C. Metro，VA	40K	Higher	⬆
Seattle，WA	37K	Higher	↔
Dallas/Fort Worth，TX	29K	Hidden Gem	⬆
Atlanta，GA	27K	Higher	↔
Chicago，IL	27K	Higher	↔
Denver，CO	21K	Hidden Gem	↔
Austin，TX	21K	Hidden Gem	⬆
Los Angeles，CA	21K	Hidden Gem	↔
Philadelphia，PA	14K	Medium	↔
Raleigh-Durham，NC	14K	Medium	⬆
Orange County，California，US	13.0K	Medium	⬆
Houston，TX	12K	Medium	↔

此图来自作者的演讲 PPT，不再一一翻译

很多中国企业都去海外招聘，但是通常只去纽约、旧金山、芝加哥，而这些地方的人才竞争也是最激烈的。就云计算人才而言，云计算方面最领先的几家企业——IBM、微软、Oracle、惠普、EMC等，基本上所有云计算顶尖人才都在这里。有一个最大的趋势是：这些大型公司云计算人才不停地被中型企业和小型企业挖走，大型企业人才同比增长是负的，为什么？像 Airbnb、UBER 这些公司能够给出比大型公司高 30%的薪金挖人才，中型企业里的这些人才增加了。所以，我们有时候不用非得去关注IBM、微软，可以关注中型或者微型的企业，那里也有很多人才。

云计算人才主要集中在IBM、微软等大公司

然而小公司的人才吸引力在加强

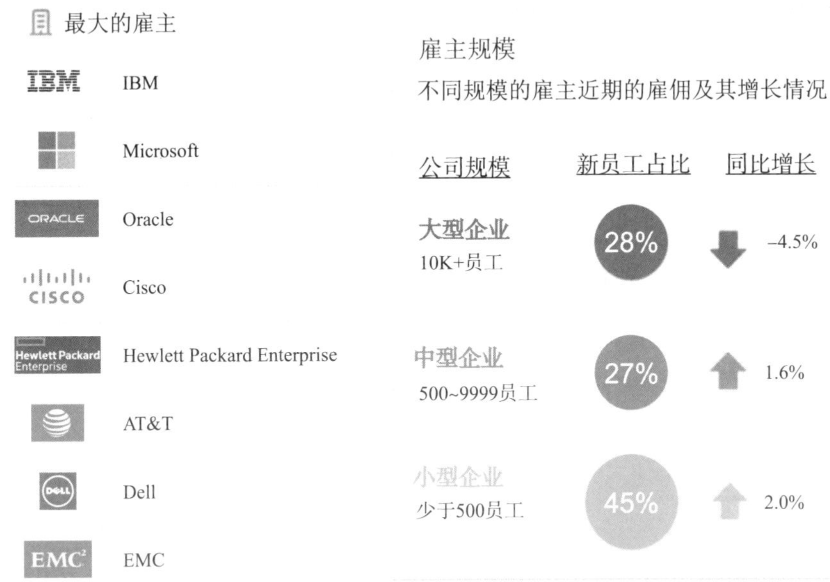

美国云计算行业19%的行业人才在过去12个月都换过工作。美国的人才一般在职时间为30个月，但是在云计算领域12个月就有20%的人才换了工作，这意味着我们有很大的机会吸引这类人才来中国。我们也对他们换工作的原因做了分析：第一，薪酬、福利水平。第二，工作、生活平衡。

在中国我们要创业，最好是24小时在公司，美国人才不是这样，美国硅谷很多顶尖的工程技术人才下午4点就下班，因为要去学校接孩子，要陪孩子运动，这在中国来说，对一个父亲或者一个职场位于中高层职位的母亲是很不可思议的事情。所以，要找这个行业的人才，就要考虑这一点。

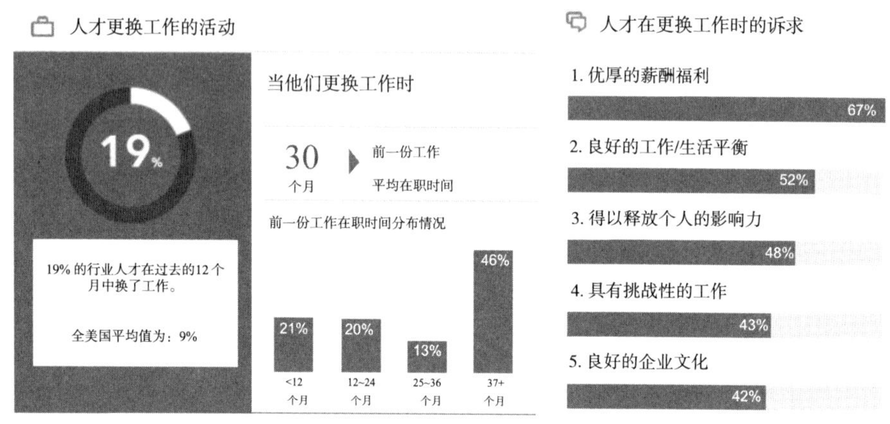

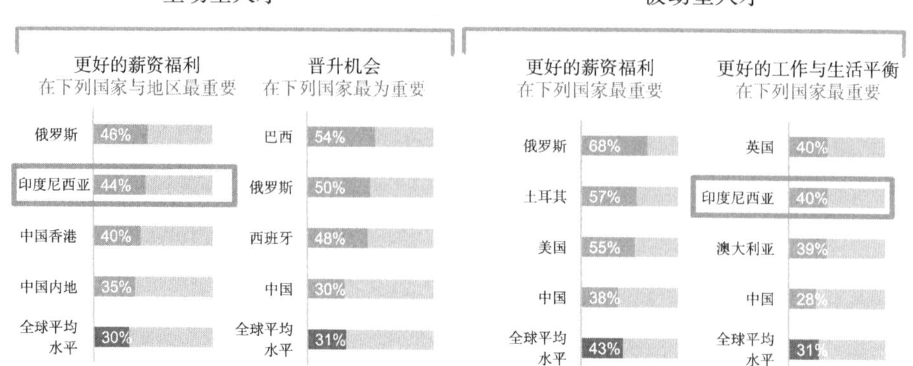

当前我国实行人才强国战略，要真正知道这些人才的诉求和特点。习近平主席讲过：今天为了吸引这些人才，要改变的是我们的环境，而不应该只是让他们来适应我们。

过去3年近20万高校毕业生进入云计算领域，下图是他们的毕业大学，大家都听过加州大学伯克利分校、斯坦福大学、华盛顿大学，很少知道凤凰城大学。凤凰城大学是美国最大的网络学校，有很多人考不上顶尖大学，便通过网络学习，上网络学校。这些网络学校实用性强，也是本科，也能授予学位，学生通过网络可以24小时学习，这是中国可以借鉴的。

“抢到”人才后，也得培养人才，而培养什么样的人才很重要。有华人毕业生拿着哥伦比亚大学的学位回国来做实习生，他为什么不留在美国？因为回到中国可能能更快地实现自身的价值。可能国内的大学生基本功很扎实，但留学生的优点在于他们的思维方式很开放很活跃，一个好的企业也是兼容并蓄地征用人才。

美国云计算行业

高校毕业生是重要的行业生力军

应届毕业生招募情况

毕业生

179K

进入了劳动力市场
(过去3年)

32% 本科学历

10% 研究生学历

7% MBA

2% 肄业

最火热毕业专业

1. 计算机科学 (38%)
2. 工商管理 (27%)
3. 电气工程 (6%)
4. 经济学 (3%)
5. 新闻学，媒体传播 (3%)

最火热毕业学校

学校	人数
凤凰城大学	2 054
圣何塞州立大学 (SJSU)	1 822
加州大学伯克利分校 (Berkeley)	1 580
斯坦福大学	1 512
华盛顿大学 (W)	1 207

五、走向“一带一路”

领英中国智库于2016年发布了《一带一路人才白皮书》。这是自“一带一路”战略提出以来，业界首份利用“跨区域人才大数据”解读中国企业“一带一路”人才布局的研究报告。

白皮书聚焦于信息通信、交通运输、建筑、能源和金融五大代表性行业，深入分析了30多个“一带一路”沿线重点国家和地区的人力资本现状，综合评估了高品质人才供给、中国企业海外市场竞争力、跨文化管理等多个维度，全方位解析跨区域人力资本与中国企业海外人才布局的匹配度，力求为中国政府和企业的全球化战略提供有效的数据洞察，并为中国企业在国际舞台提升竞争力提供相应的决策支持。

“一带一路”沿线金融人才分布

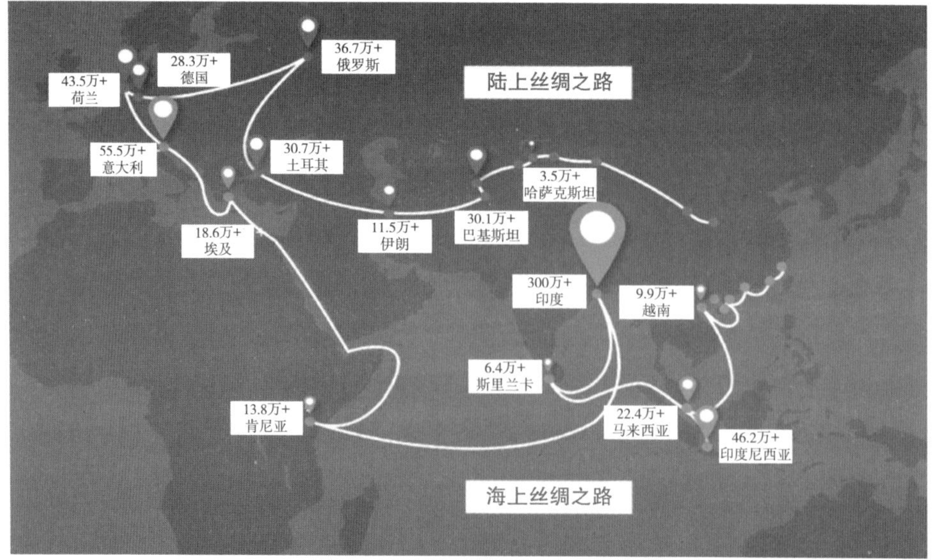

人才库规模

英国作为全球金融大国，在西欧7个国家中的金融人才占比遥遥领先

印度尼西亚作为东南亚地区唯一一个GDP总量排名进入全球前20名的国家，金融人才占比也位居东南亚榜首

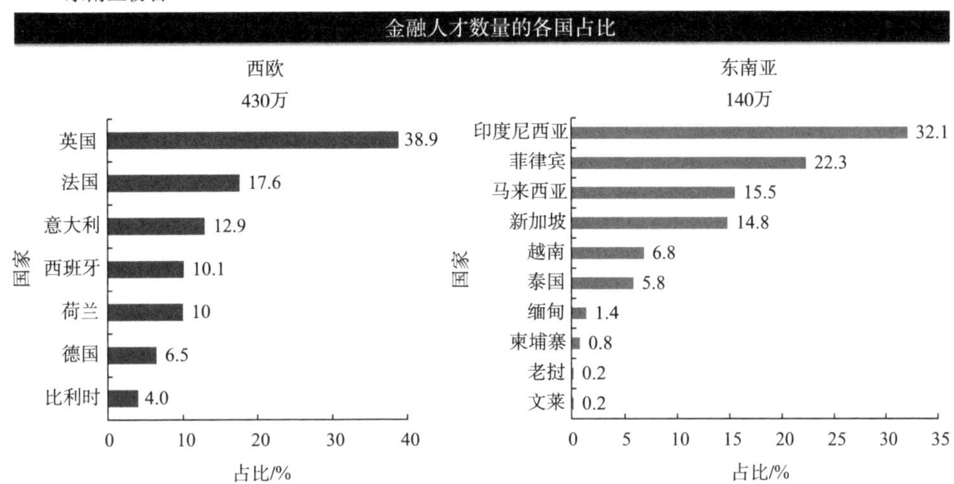

下图是东南亚和西欧人才库品质对比，大部分东南亚人才在这个领域都是学士学位，而西欧人才更多拥有除 MBA 以外的硕士学位。在印度尼西亚，最重要的就是工作、生活平衡，中国对工作、生活平衡要求得比较低。通过这个我们了解到，要走向全球，看全球各人才，一定要考虑这种个性化需求，才能因地制宜制定人才战略。针对英国、美国、东南亚，制定不同的人才策略，而不应该一刀切。

下图是华为基于人才大数据做的决策，电信行业专有的一些人才技能叫 OSS（operation support system，即运营支撑系统）、BSS（business support system，即业务支撑系统），是电信系统方面的技术。当时华为的研发中心选址第一个选择是都柏林，因为都柏林是爱尔兰的首都，微软、谷歌、亚马逊、eBay、Facebook、Twitter 等高中端企业都在那里，就像美国的旧金山一样。但是华为需要的是 OSS、BSS 人才，不是计算机人才。华为最终选择的是科克，科克是爱尔兰南部的一个港口，也是世界微电子和制药工业的国际化基地，这里人才供给量高，但需求量没

人才库品质

西欧金融人才的学历、平均从业年限和高级别人才的比例均高于东南亚

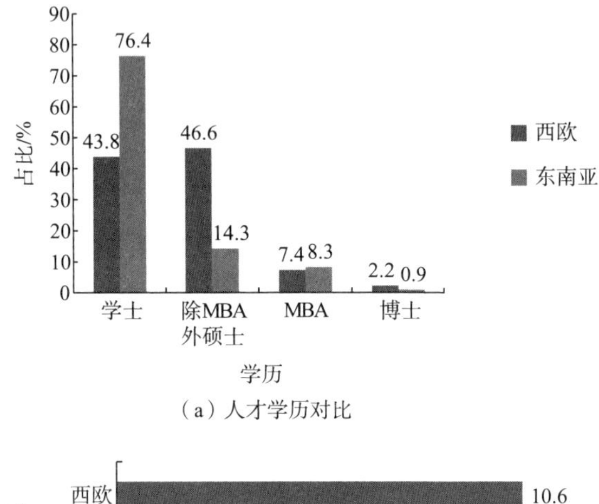

（a）人才学历对比

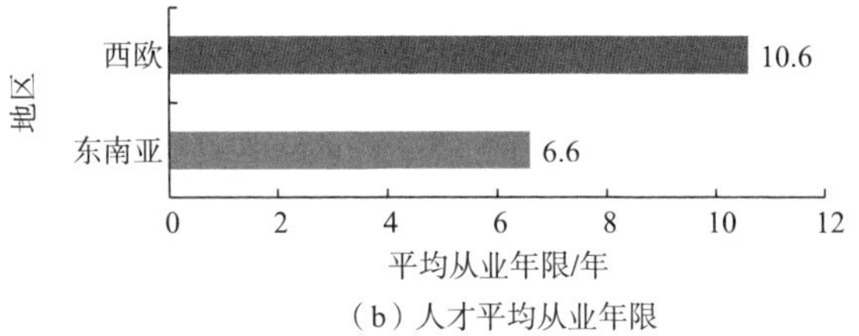

（b）人才平均从业年限

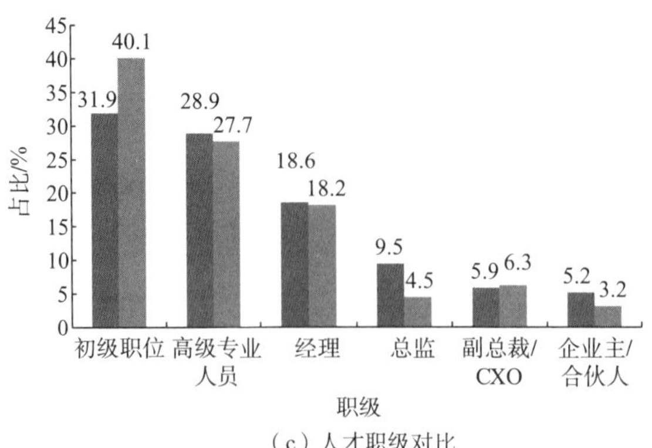

（c）人才职级对比

那么大，所以在这里获取人才的资金成本和时间成本都较低，进而其人力资源战略可以辅助其全球的战略决策。

走向"一带一路"

人才国际化程度

而东南亚人才的国际化程度更高，尤其是在语言上的天然优势，有利于与中国企业的沟通

海外留学背景和语言

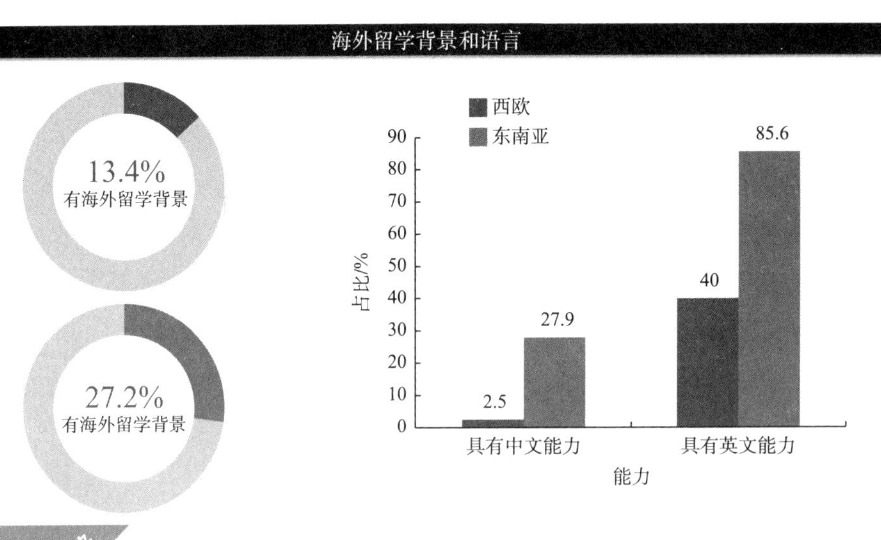

海外业务策略

基于人才大数据作选址决策

爱尔兰研发中心选址
OSS & BSS 技术人才

Dublin？

（都柏林：爱尔兰首都和经济中心。微软、谷歌、亚马逊、eBay、Facebook、Twitter等高技术企业聚集，有欧洲的硅谷之称。）

Cork！

（科克：爱尔兰南部港口，旅游胜地，也是世界微电子和制药工业的国际化基地。）

领英是希望把全球的职场人士都连接起来，希望他们事半功倍、发挥所长。领英在2003年建立，2011年上市，2014年宣布进入中国，宣布进入中国之前，它在2009年就一直在思考怎么进入中国市场。领英进入中国以后跟其他所有国外互联网公司不一样，领英是合资企业。换句话说，我们的服务器在中国，与中国相关的数据也在中国。

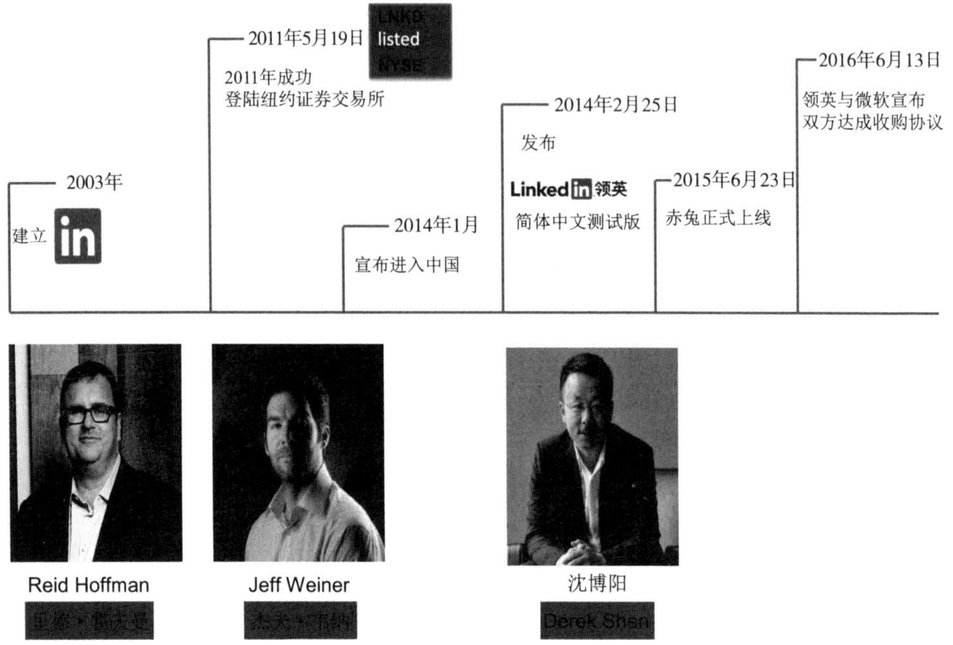

领英在中国与红杉资本和宽带资本成立了合资公司，共同探索和开展在华业务，努力为中国用户提供更好的本地化产品和服务，并通过领英大数据和全球化平台帮助中国政府和企业与全球人才和商业机会相连，助力中国经济发展。自领英进入中国以来，中国用户数增长超过8倍，已逾3200万；同时，有超过1000家企业和政府客户携手领英招募优质人才，打造商业和雇主品牌。2015年6月，领英发布专为中国市场开发的职场分享App“赤兔”。“赤兔”邀请来自各行业的专家和职场精英，通过语音直播形式，为年轻职场人提供深度、有趣、便捷的职场知识分享，帮助中国的年轻职场人成长。

Linked in 领英

中国人力资源开发趋势与战略构想

》 高书国

各位领导、各位先生，大家下午好！今天是周六，对大家能够来听我有关人力资源方面的汇报感到非常高兴，我也希望为大家带来一股新风。

报告有如下内容：一是人力资源强国基本理论，二是中国人力资源强国建设现状，三是人力资源强国建设战略构想，四是建设人力资源强国的对策和建议。

国家教育发展研究中心在2010年曾经做过的人力资源发展报告，已经由北京师范大学正式公开发表。2012年为了配合《国家中长期教育改革和发展规划纲要（2010—2020年）》的实施又做了第二轮的评价，这轮评价结果应该说是超出预期。总体来讲，我们提前实现了教育规划纲要的许多目标，在人力资源开发上由原来的对发达国家的战略追赶，到现在实现了部分赶超，我们在有些方面对部分发达国家实现了赶超。这时候我们如何看待中国的人力资源建设、如何构建2030年之前人力资源强国整体思路和整体框架，这是我今天报告的主要内容。

教育部教育发展研究中心是1986年国务院批准成立的，对外也称国家教育发展研究中心，2016年正好是其成立30周年。国家教育发展研究中心第一任主任是郝克明，她在学界很有影响，对研究中心的成立、组建以及成果的研究做出了很大的贡献。研究中心几乎参与了教育部所有有关规划纲要的起草和研究。我本人从事教育发展战略和规划研究工作，参与了“九五”一直到“十三五”教育规划的研究起草工作。

习近平总书记曾经说过：中国是一个发展中的大国。块头大不等于强，体重大不等于壮，有时是虚胖。我觉得这句话恰如其分地说明了中国人力资源开发的很多阶段性特点。

在“十三五”规划制定初期，中央财经委员会要求教育部提供一个研究报告，我也直接参与了这个研究报告的撰写，报告题目是“投入于人：新常态大逻辑的战略起点”，为什么提出这样一个目标？我国经济已经坚持了30年9%、10%的增长速度，现在面临着新的发展理念、经济增长下行、产业结构调整、投资回报下降、中等国家陷阱等一系列的新形势、新任务，因此我们提出一定要把人力资源中人的开发放在首位。

投入于人：新常态大逻辑的战略起点

新发展理念
经济增长下行
产业结构调整
投资回报下降
中等国家陷阱

一、人力资源强国基本理论

人力资源是指一个国家或地区具有劳动能力人口规模与质量的总称，是最重要的财富基础和战略资源。

在分析的时候我们这样界定，人力资源强国是中国的一个概念。西方国家有人力资源、人力资本的概念，但是没有“人力资源强国”这个概念，而且这个概念在中国古代就有了基本的框架。

人力资源强国涵盖四个方面：一是总量丰富，二个是开发充分，三是结构合理，四是效益得到充分发挥，这种情况下国家人力资源水平才能达到强国水平。“强”一方面是形容一个国家实力很强，另一方面是指人力资源开发使一个国家变得强大。

在研究中我们也体会到，人们学习西方、学习现代的很多，但是对中国古代的挖掘特别少。唐朝李筌在《太白阴经》中说过：“国愚则智可以强国，国智则力可以强人。”把智强和力强合在一起，也就是说一个国家不仅人力资源要强，而且智力也要强，这样才能成为真正的强国。这基本奠定了人力资源强国的概念，就是从智力强大到体力和人力的强大。

唐朝战略思想家李筌：“国愚则智可以强国，国智则力可以强人。用智者，可以强于内而富于外；用力者，可以富于内而强于外。”

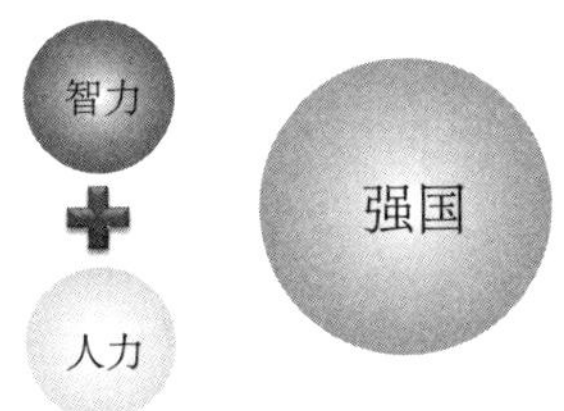

当然，现代意义上的人力资源强国理论基本来自马克思主义的两种生产观念：一个是人的再生产，另一个是物的再生产。在经济下行的情况下，中国发挥人力资源潜力、发挥人的再生产能推动作用，使中国经济持续发展，所以人的再生产在一定时期促进和制约着物的再生产水平和质量。发达国家在过去 20 年的经验也充分证明，人力资源开发或者高层次的人力资源开发可以带来新的经济增长。特别是在知识经济背景下人力资源上升为第一资源，它和自然资源不一样，有内生性、可持续性、可再生性，这一点是其他自然资源所不具备的，因此也是我国最应该开发和持续拥有的强大资源。

人力资源强国理论是马克思主义人口理论特别是“两种生产”思想重要体现和发展。马克思主义人口理论的基石是“两种生产”原理，即**社会生产包括人类自身生产和物质资料生产**，二者之间存在对立统一的辩证关系，其中，物质资料生产处于矛盾的主要方面，起主导作用；**人类自身生产处于次要方面，制约物质资料生产。**

美国学者舒尔茨指出，人力资源是一切资源中最重要的核心战略资源。在经济增长中，人力资本的作用大于物质资本的作用。人力资本的核心是提高人口质量，教育投资是人力资源开发的主要动力。人力价格应该以市场供求关系为依据，要按照人力资源禀赋（数量、质量、品质与效率）作为收入分配的主要依据。我们已经增长 4%以上，但是与发达国家还有很大的距离，我们原来始终停留在 2%、3%，发达国家已经几十年都坚持 5%以上的投入，所以我们在历史上落后很多，后面有些数据都会说明这个问题。一个社会、一个国家、一个组织、一个企业，要按照人力资源的禀赋，按照人对组织的智力贡献、体力贡献的数量、质量、品质、效率进行分配，目前我们劳动力人口、劳动人事制度方面出现的问题也正是这些。2016 年教育数据表明，在普及水平上我国处于中等发展水平之上，但历史欠账多，人力资源存量不足。

人力资本理论核心观点

舒尔茨（T. W. Schultz）

- **人力资源是一切资源中最重要的核心战略资源。**
- **在经济增长中，人力资本的作用大于物质资本的作用。**
- 人力资本的核心是提高人口质量，教育投资是人力资源开发的主要动力。
- 人力价格应该以市场供求关系为依据，**要按照人力资源禀赋（数量、质量、品质与效率）作为收入分配的主要依据。**

人力资源开发分为四个阶段：第一，低层次开发。人均受教育年限是 8 年以下，也就是说他连中学都没有毕业。第二，中层次开发。人均受教育年限是 8~10 年。第三，中高层次开发。人均受教育年限是 10~12 年。第四，高层次开发。人均受教育年限是 12 年以上。美国、德国、法国等的人均受教育年限达到 12 年以上，而其他国家还没有达到，我国现在是 9.7 年、9.8 年。

人力资源开发水平

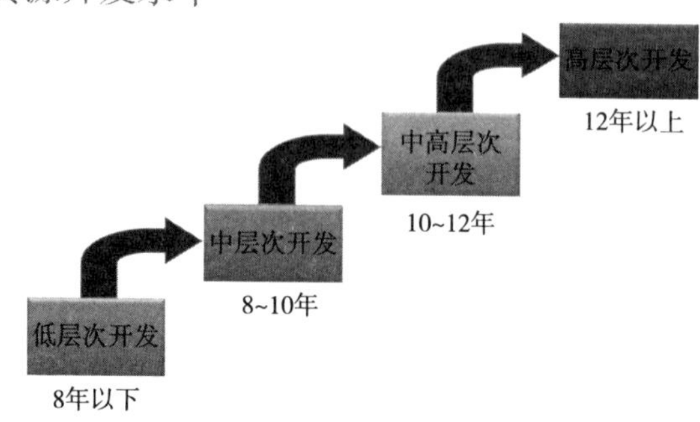

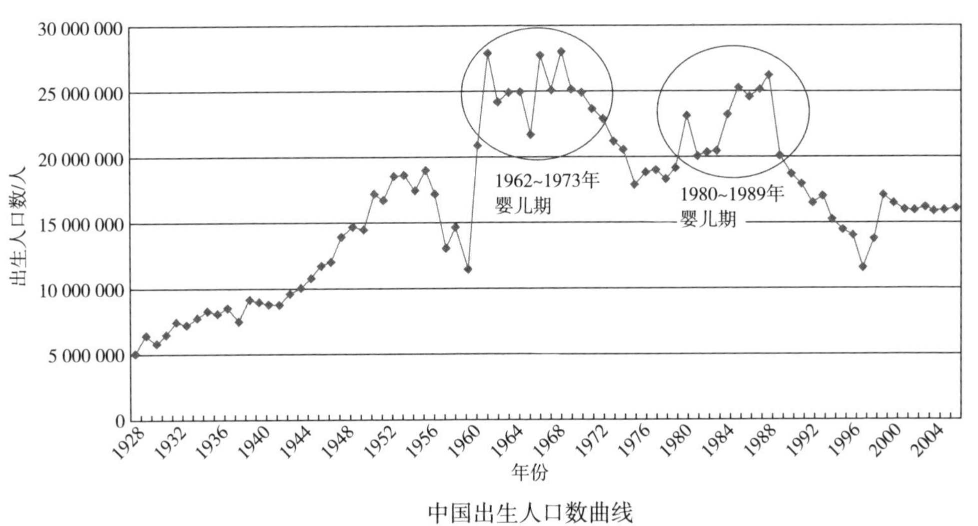

中国出生人口数曲线

人口学上还有一个理论叫“人口红利”理论，第一次人口红利是人均受教育年限在 8 年以下的，是以劳动力数量为主的，我国是 8~10 年是第一次人口红利，现在基本是人口红利的下端，正进入人口红利的混合过渡时期，未来人均受教育年限达到 11 年甚至 12 年的时候，我国第二次人口红利将会来临。因此现阶段人力资源开发能力建设成为我们面临的最主要矛盾。人力资源开发达到较高层次的时候，也就是人均受教育年限达到 12 年以后，人力资源开发会对经济、社会的发展带来利益、带来红利。

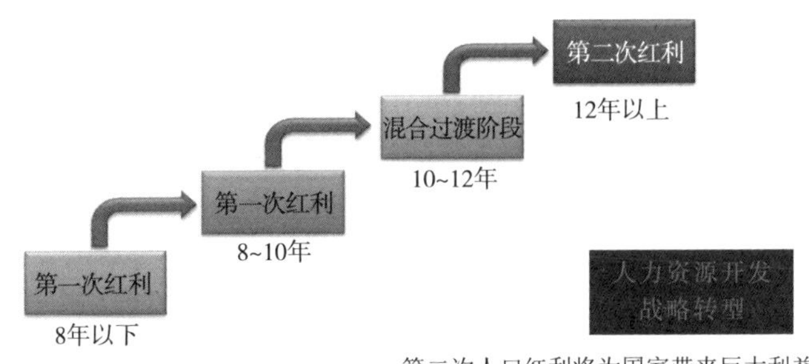

第二次人口红利将为国家带来巨大利益

人力资源与人才资源的区别和联系如下：第一，人力资源=15 岁人口数×人均受教育年限，比如说我们15岁以上的人口有5亿，再乘以人均受教育年限 9；而人才资源指的是数量，是具有大专以上受教育水平的人口数，现在有个非常可喜的数据，就是我国具有大专以上学历的人口数已经相当于发达国家的50%，我们现在是1.35亿具有大学及以上学历人口。第二，人力资源是社会发展的根本动力；而人才资源是社会稳定和发展的中坚力量，起推动作用。第三，人力资源为国家安全、经济发展和社会进步提供基础支撑；而人才资源为知识创新、产业创新、技术创新提供动力。二者之间相互联系，但是它们发挥的作用不完全一样。第四，人力资源既有正向性也有负向性，如果开发不好就会出现一些负，面作用—— 低素质的人口大量聚集，起不到人力资源的正向作用。

我们总结了中国面临的五重红利，即人口红利、改革红利、第二次人口红利、理想红利、民主红利。改革开放三十多年来中国人失去最多的是什么？是理想。如果能够让中国人重新拥有理想，实现中国人整体民主的理想回归，会给国家安全、经济社会发展带来很大的战略利益，最终实现中国特色的民主。当民主达到一定水平的时候，我们实现的民主很可能高于资本主义民主。我们正在进入五重红利的第三重，如果没有高素质的国家公民和高素质的劳动者，其他红利都很难兑现。

我们特别强调的教育强国，应该包括学术强国和技能强国。过去我们强调学术强国，要考上北京大学、清华大学，但实际上应该强调技能强国，强调为制造业强国提供了多少符合国际标准的劳动者。在这一点上我们现在和英国、美国、德国、日本，甚至印度的差距很大，印度的教育战略研究报告明确提出，要为各个国家提供与外国企业直接接轨的人才。中国现在的毕业生很多在国内就业都困难，更别说与国际接轨了。所以，技能强国方面我们有很重的任务，中国往往是重道而轻术，把技能看得低人一等。

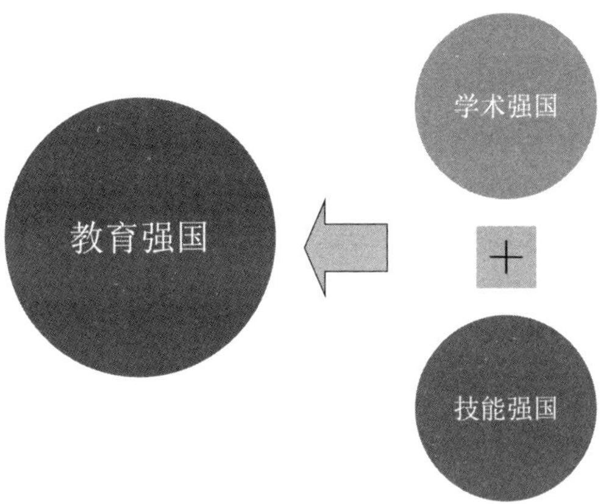

21世纪被视为亚太世纪，也是中国世纪。在中国世纪到来之前，我们现在面临一系列问题，但是这些都是过程中的，我们坚信大国之间不会发生核战争。所以，核心目标是要把中国建成世界级的教育强国和人力资源强国。

二、中国人力资源强国建设现状

2015年，我们根据第一轮人力资源强国研究情况，总结了四个方面八项指标，即人力资源开发的数量和结构、人力资源开发质量、人力资源开发能力、人力资源开发贡献，如下图所示。

人力资源强国评价体系

2012 年世界人力资源强国前十位是：美国、日本、德国、英国、韩国、法国、澳大利亚、丹麦、荷兰、挪威。之后是新西兰、瑞典、俄罗斯、中国。中国从 2000 年的第 31 位，2005 年的第 25 位，2010 年的第 23 位，到 2012 年的第 14 位。可见，中国实现人力资源强国指日可待。

世界人力资源强国评价

国家	2000 年		2005 年		2010 年		2012 年	
	指数	排名	指数	排名	指数	排名	指数	排名
美国	0.807	1	0.796	1	0.801	1	0.898	1
日本	0.773	2	0.72	3	0.695	6	0.856	2
德国	0.732	3	0.702	6	0.700	5	0.851	3
英国	0.712	7	0.712	4	0.703	4	0.837	4
韩国	0.717	5	0.725	2	0.739	2	0.835	5
法国	0.715	6	0.689	7	0.684	7	0.832	6
澳大利亚	0.722	4	0.703	5	0.717	3	0.829	7
丹麦	0.677	10	0.668	9	0.665	10	0.825	8
荷兰	0.673	12	0.655	11	0.663	11	0.814	9
挪威	0.688	9	0.675	8	0.673	8	0.813	10
新西兰	0.659	15	0.655	12	0.667	9	0.799	11
瑞典	0.710	8	0.661	10	0.645	12	0.799	12
俄罗斯联邦	0.617	22	0.620	19	0.637	15	0.787	13
中国	**0.542**	**31**	**0.560**	**26**	**0.605**	**23**	**0.785**	**14**
西班牙	0.655	16	0.637	15	0.642	14	0.784	15
芬兰	0.660	14	0.644	13	0.63	16	0.783	16
奥地利	0.652	17	0.615	20	0.624	18	0.782	17
瑞士	0.660	13	0.634	16	0.626	17	0.781	18
比利时	0.650	18	0.603	22	0.611	21	0.780	19
意大利	0.647	19	0.629	17	0.62	20	0.780	20

如上表所示，2012年中国排名已超过西班牙、芬兰、奥地利、瑞士、比利时、意大利，中国很大的优势是矢志不移坚定一个方向，从毛泽东时期开始超英赶美，我们经济上已经超越了英国，但是文化实力、教育实力上跟它还有差距。

我们把人力资源分为四类国家：第一类是人力资源弱国，是人力资源竞争力指数在69分以下的国家；第二类是中等国，其人力资源竞争力指数在 70~74 分；第三类是人力资源大国，其人力资源竞争力指数在75~80分；第四类是人力资源强国，其人力资源竞争力指数高于80分。中国处在第14位。

整体评价有这样一些重要结论：第一，发达国家在人力资源开发水平上占有相对优势，前10年、前5年绝对优势的时代已经过去了，它对我们来说只是具有相对优势，特别是美国对我们来说还有绝对优势，其他发达国家只有相对优势了。发达国家的排名出现了结构性的变化，原来它是作为一个组团排在第一位，而现在有很多被拉下来了，排在第二梯队。俄罗斯、中国等慢慢都要靠近第一团队。第二，中国超越部分发达国家，正在跨越人力资源强国的门槛。第三，中国人力资源开发存在深层次结构性矛盾与问题。第四，中国成为最有可能跻身人力资源强国的第一个发展中国家，这点非常重要，俄罗斯等其他国家都是准发达国家或者转型国家，而中国是一个地地道道的发展中国家。

从下图可以看出，2000~2012年人力资源竞争力提升最快的有两个国家——中国和土耳其，都提升了13位。土耳其最近在政治上、军事上发生很大的变化，它想在地缘政治方面发挥更大的作用。经分析发现，中国从2000年第31位一直到2012年第14位，提升速度很快。

我们说相对于发达国家，中国在人力资源开发水平上已经具备了相对优势，依据是什么？发达国家在2010年共有8.05亿人，人均受教育年限是11.03年，2010年中国城镇人口是6.6亿人，相当于发达国家的80%多，2015年有7.7亿城镇人口，相当于发达国家总人口的90%多，人均受教育年限是12.29年。也就是说，中国城镇人口人均受教育年限。

高于发达国家整体人均受教育年限。中国博士、硕士、本科生的数量也越来越占有明显优势。

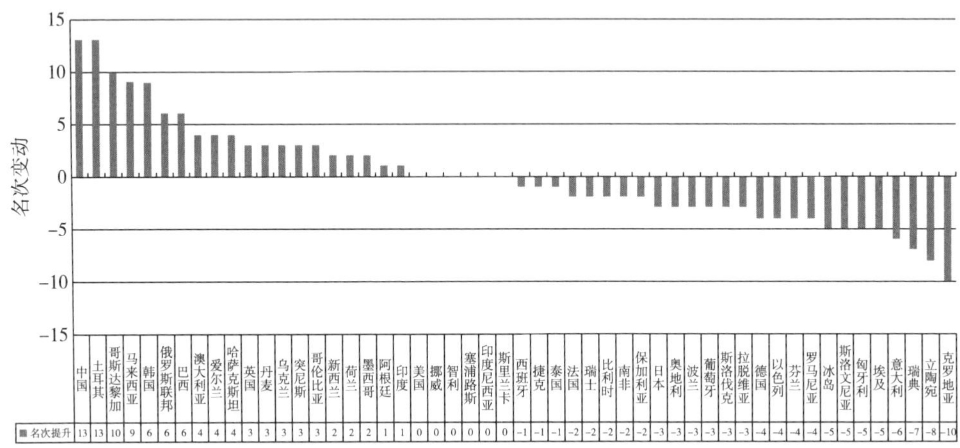

2000~2012年综合排序名次变动

中国人口文化素质从跟随追赶实现局部跨越

地区	人口/亿人	未上过学占比/%	小学占比/%	中学占比/%	大学占比/%	人均受教育年限/年
发达国家	8.05	2.30	14.2	57.9	25.6	11.03
中国城市	6.61	0.74	8.45	64.67	26.23	11.29

注：由于四舍五入，表中数据有些误差

2000 年中国人力资源开发贡献能力最明显，投入不是太多，但是产出很大，2000 年是第 20 位，2005 年是第 8 位，2010 年是第 5 位，2012 年进入第 4 位。我们的专利申请量排在很前的位置上。在劳动力的物质贡献上，中国从 2000 年的第 24 位上升到 2012 年的第 8 位；在劳动力的知识贡献上，中国从 2000 年的第 19 位上升到 2012 年的第 4 位，都发生了很大的变化。

我们要实现人力资源的跨越要跨越几道门槛？我们总结了四点：第一，存量不足。文盲还有 5400 万人，低层次劳动力占整个劳动力的 60%~70%，发达国家特别是美国在 20 世纪 60 年代就已经普及高中阶段教育，而中国 2015 年才普及高中阶段教育，时间差距是非常大的。而且劳动力人力资源开发的投入方面，中国与排在第一名的丹麦相比，只相当于它的 60%，我们最好的水平是 4.28。第二，能力不强。人力资源四项评价指标中有两项是比较好的，一项是数量，另一项是贡献，但是在开发质量和开发能力方面分别排在 25 位和 48 位，在 50 个国家当中我们排在第 48 位，是非常低的，只和埃及、哈萨克斯坦、印度、印度尼西亚这些国家排在一起。在人力资源开发能力以及投入方面，包括个人投入、家庭的投入、国家的投入等方面，我们差得非常多。第三，投入有限。中国公共教育经费占 GDP 比例排在第 40 位，公共卫生支出占 GDP 比例排在第 46 位，都是排在很后面的，所以我们怎么加大人力资源开发的投入是未来的战略，有没有决心、有没有意志、有没有胆量加大教育和人力资源开发的投入，这对政治家而言是一个考验。第四，质量不高。2000 年中国人力资源开发指数排在第 30 位，2012 年排在第 27 位，没有什么太大的变化。

中国人力资源开发仍主要体现在数量方面，没有实现向质量开发为主的战略转变，长此以往会给中国经济、社会发展甚至社会稳定带来很大的隐忧。所以，低层次的人力资源开发难以支撑从人力资源大国迈向人力资源强国，必须有危机感。总的来说，高层次的人力资源开发必须有高水平的投入。

还有一个问题，就是中国人均受教育年限空间很大。我们对比了中国和美国的差距，发现中国人均教育经费在 2000 年是 27 美元，到 2012 年是 247 美元，提高了 8 倍。但是中国人均受教育年限只相当于挪威的 1/26，相当于美国的 1/10。其中美国是连续的投入，从 20 世纪 60 年代就开始普及高中阶段教育，1971 年普及了高中教育，我们现在高等教育普及率达到了 40%，预计到 2020 年达到 50%，与美国的 1971 年相比晚了 50 年。所以我们一方面要看到自己的成绩，另一方面也要看到我们的差距是历史性的差距，必须靠时间来弥补。

历史性挑战：1950~2010 年发达国家人均受教育年限增长过程

年份	15 岁以上人口/亿人	文盲人口占比/%	小学学历人口占比/%	中学学历人口占比/%	大学及以上学历人口占比/%	人均受教育年限/年
1950	4.28	9.20	60.1	25.0	5.7	6.22
1960	4.76	7.80	54.3	31.1	6.9	6.81
1970	5.41	6.20	45.3	38.6	9.9	7.74
1980	6.14	5.50	34.2	44.4	16.0	8.82
1990	6.83	5.50	27.0	44.9	22.6	9.56
2000	7.46	3.40	19.1	49.5	28.0	10.65
2010	8.05	2.30	14.2	57.9	25.6	11.03

注：表中数据引自国际网站，表中数据有误差，在可接受范围内，不再过多改动

2000~2012 年美国人力资源开发各指标变化情况

指标	中国	美国
15~64 岁人口的总体数量/万人	15 745.37	15 866.61
15~64 岁人口占总人口的百分比/%	67.10	66.74
年龄中位数/岁	37.06	37.3
人均预期寿命/年	78.54	78.74
人均受教育年限/年	12.90	12.90
每年科学家与工程师人数/万人	119.828	125.295
每百万人口科学家与工程师人数/人	3 837.60	3 978.73
预期人均受教育年限/年	16.41	16.44
公共教育经费占 GDP 比例/%	5.42	5.23
人均公共教育经费/现价美元	2 597.69	2 575.23
公共卫生支出占 GDP 比重/%	8.10	8.01
人均公共卫生支出/现价美元	3 883.00	4 075.09
研究与开发经费支出占 GDP 比重/%	2.74	2.79
GDP/亿美元	14.964 40	16.16315
专利总量/件	241 977.00	268782.00
每百万人口申请量/件	774.95	846.54

资料来源：教育部教育发展研究中心《人力资源强国指标体系与对策研究》课题组

中国人力资源开发面临战略性的挑战，未来肯定是这三个板块：亚洲板块、美洲板块、欧洲板块，无论是政治、经济、军事、外交还是人力资源开发，教育都是这三大板块的核心支撑。中国要在这三大板块竞争中占有一席之地或占据特殊位置的话，人力资源开发必不可少。

中国人力资源开发面临发展性挑战。普华永道公司预测，中国 2050 年前成为 GDP 最大的国家，到 2050 年 GDP 约占世界的 20%，美国和印度占 14%，欧洲占 12%。中国真正成为第一大国，而第一大国靠什么支

撑和实现目标？人力资源的开发很重要。除此之外，制造业大国的三个目标:2025 年进入制造强国行列,2035 年进入世界制造强国的中等水平,最后两个百年的时候我们要成为世界级的制造业强国，这些都需要人力资源开发和教育发展与之相配合。

从中国与主要发达国家高等教育普及化历程的比较中可以看出，美国在 1971 年实现高等教育的普及化，中国将在 2020 年实现这一目标。其他发达国家基本上是用 26 年的时间实现高等教育的普及，而中国仅用 18 年的时间。

中国与主要发达国家高等教育普及化历程比较

项目	高等教育普及时间			高等教育毛入学率/%	
	5%	15%	50%	2000 年	2010 年
美国	1911 年	1941 年	1971 年	73	95
澳大利亚	1960 年	1970 年	1992 年	63	80
韩国	1966 年	1980 年	1995 年	72	103
英国	1954 年	1970 年	1996 年	59.5	59
德国	1960 年	1970 年	1996 年	50	74
日本	1947 年	1963 年	2003 年	48	60
平均时间	—	17.29 年	26.5 年	—	—
中国	1993 年	2002 年	2020 年	11.5	26.5

1901~2013 年获得诺贝尔奖前 10 名的国家

排名	国家	物理/人	化学/人	生理医学/人	经济/人	文学/人	合计/人	占比/%
1	美国	93	70	94	51	9	317	42.2
2	英国	24	25	30	7	11	97	12.9
3	德国	21	28	17	1	8	75	10.0
4	法国	13	8	10	1	14	46	6.1
5	瑞典	4	4	8	2	8	26	3.5
6	俄罗斯	9	1	2	2	5	19	2.5
7	瑞士	3	6	6	—	2	17	2.3
8	日本	6	6	2	—	2	16	2.1
9	荷兰	8	3	2	1	—	14	1.9
10	意大利	3	1	3	1	6	14	1.9
10 国小计		184	152	174	66	65	641	—
世界		199	172	199	70	111	751	100
10 国占比		92.5%	88.4%	87.4%	94.3%	58.6%	85.4%	—

所以总的人力资源和教育开发的问题是什么？不是我们的发展不

好，我们的发展已经很好很快了，但是在这种情况下仍然不能适应经济社会发展水平和质量对于人力资源开发的要求。就像一个人成长很快，但是他仍然不能担任领导，跟目标的差距是存在的。中国经济社会发展带来很大的变化，诺贝尔奖获得者迈克尔·斯宾塞说："今天我们所看到的是两个并驾齐驱和相互作用的革命：发达国家工业革命的延续与发展中国家令人瞩目的发展模式。"现在对中国自身经验和发展模式的总结有很多，但是没有一部站在世界角度说服国内外学者的权威著作。所以我们必须要发展中国的学校，发展中国学校的教育，建立人力资源开发，用我们最伟大的力量来应对世界的发展。

三、人力资源强国建设战略构想

对于人力资源开发的设想，我正在出版一本书，书名是《迈向人力资源强国2030中国教育》①，对英国、美国、印度2030年的教育进行了研究，对于中国2030年教育与人力资源开发目标战略和对策进行了研究。

（一）英国

英国在2014年已经超过法国成为世界第五大经济体，在发达国家中，第一个加入亚洲基础设施投资银行（简称亚投行），尽管美国的财政部长很不愿意，甚至阻挠很多，但是它们非常坚定地加入。有一句话非常重要，叫"得英国者得天下，得中国者得未来"，为什么？因为在美国第二次世界大战之后并不是像现在这样马上就统治了全世界，而是借鉴了英国管理和统治世界的很多办法，英国学者、政治家给它们出了很多办法，才建立了现代的体系。所以如果有可能的话，我们还是要跟比较先进的发达国家有一些合作和配合。

① 该书计划于2017年5月底出版。

2030 年英国高等教育发展战略目标指出，要建立世界级的创新中心，而且要保持仅次于美国的整体科研优势，依托英国的高等教育和完善的教育体系，吸收国际的投资和高层次人才。国际上有一个数学考试，上海分别在 2009 年、2012 年考了第一，所以英国政府让它的老师到上海来学习，又让上海的老师到英国去指导，目前正在研究中国上海的教育体系和教育特点。它的这些做法有很多值得我们总结。

（二）印度

我们对印度的普遍认知是强暴妇女、街上很乱，但这只是一方面，它在发展高等教育上很有想法，甚至很有野心。它要建立一个面向未来新世界的高等教育，构建 21 世纪公平、低成本、高质量的高等教育发展模式。首先是公平。其次是低成本，中国是低成本，但不是高质量。最后是高质量，美国是高质量，但是美国不是低成本。而且印度还要成为世界高等教育的最好典范，在互联网方面、招生制度方面、终身学习方面印度做了很多。此外，印度目前有 4000 万在校生，分全日制和非全日制，而且 2020 年前要再创造 4000 万个学位，也就是说它到 2020 年要有 8000 万个学位；并且它还在大学广泛传授知识和技能，使学生成为具有全球性技能的企业家，其人才规模不容小觑。

（三）中国

中国教育发展的总体目标是：着眼于“两个百年”战略目标，实施“三步走”的发展战略，全面建成现代教育体系，全面实现教育现代化；全面提高教育质量；采取超常规发展教育方式，全面提升国家人力资源开发能力和水平。这是国家的目标，我们在注重国家目标的同时更应注重个人的目标：一是确保每个学生能够接受高中以上的教育；二是让每个公民具有终身学习机会和终身学习能力，成为世界教育中心之一，将中国建设成为世界性教育强国。

——第一步跨越：2020 年，为建设教育强国奠定坚实基础。全面落实《国家中长期教育改革和发展规划纲要（2010—2020 年）》，实现或超额实现全面建成小康社会的教育目标，基本实现教育现代化，基本形成学习型社会，进入人力资源强国行列，15 岁以上人口人均受教育年限达到 11.2 年，人均受教育年限超过发达国家 2010 年平均水平。

——第二步跨越：2030 年，基本建成教育强国。2021~2030 年，教育质量和教育竞争力、影响力全面提升；实现从追赶到超越的战略转变，跨入高人类发展指数国家行列；实现从教育大国向教育强国的转变，进入高人类发展指数国家，接近美国即期教育发展整体水平。

——第三步跨越：2050 年，中国成为世界性教育强国。人力资源竞争力进入发达国家行列；教育发展水平处于世界领先地位；人力资源开发总量、质量和竞争力居于世界前列；中国教育发展思想、发展模式和发展道路成为世界典范。

举个例子，教育部曾经派一个研究基础教育的司长到美国教育学会去讲学，美国教育学会请了 500 人，这个人既是司长又是博士，又在美国读过书。但是他说“我给美国教育学会 500 人做经验介绍，讲到一半时人也走了一半。”为什么？我们还没有做到用别人能听懂的语言、能够接受的方式把中国故事讲清楚。人家听不懂，听完了以后不可学、不知道怎么学、不知道怎么做，所以在这点上我们确确实实要培养一批通晓国际规则、能够融通国际语言、对国际朋友有很好的感情、表达很符合国际规范的一批专家。

中国教育发展的几个具体目标如下：①全面普及有质量的 15 年教育，让 2 亿学生享有共同发展的公平机会。②全面提升人力资源存量水平，让 9 亿劳动者具备终身学习能力。也就是说，在职劳动者、工作人员都要进行终身学习。③缩小区域教育发展整体差距，整体提升区域人力资源开发和经济发展的匹配程度。中国教育水平区域差距较大，像北京东城区、西城区等的教育水平比发达国家要好很多倍，但是有些地方真的惨不忍睹。④加快提升高水平大学和高水平学科建设水平，使之成为国家经济发展和社会发展的重要思想库与知识源。⑤建设世界最大规模的学习型社会。⑥建设最大规模、世界一流的教师队伍。⑦进入世界高人类发展指数国家行列。

中国教育发展战略优势

- 人力资源开发战略转型的后发优势
- 国家整体动员的体制和制度优势
- 低成本、高效率的教育模式优势
- 公民个人参与的教育文化优势
- 以严谨为基础的教育质量优势

我们一般认为世界经济中心和教育中心是漂移的，从意大利、德国、英国到美国，但是我们研究后发现不是这样的，这些没有漂移，未来2030年会在北纬30°~北纬40°形成世界教育中心带，这个“带”包括德国、英国、法国、美国、日本、中国，可能包括印度。从唐朝时中国就是教育中心，所以我们现在说“回归教育中心”。

而且在未来的城市中心设计当中，以北京为首，还有上海、成都，加上一个非常重要的城市——西安（西安平均受教育年限排在第三位，高于天津），形成一个小的铁三角。

四、建设人力资源强国的对策和建议

实施人力资源强国战略，有如下一些措施：

（1）构建一个与中国大国地位或者中国强国地位相适应的、开放的教育体系。我们现在的教育体系一定要是开放的，现在跟各个国家的大学、中学、小学、幼儿园以及研究机构都有密切的联系，中国现在有外国留学生500多万，出国留学生有200多万，没有回国的还有300多万。我们要建立面向世界的、开放的教育体系。这里面包括中心城市建设的三级，第一个以北京、上海为主，第二个以省级城市为主，第三个以地级、县级城市为主。

为了实现这个目标我们提出三个策略：第一，以速度换时间。在过去三十多年中国以快于发达国家 50%的速度发展，但我们仍然保持人力资源开发的高速度、高层次。第二，反梯度战略。以前教育部、财政部的官员都是从大学过来的，对基层不是很熟悉的，在办公室里定政策，资源都给了城市，而对农村特别忽视。现在财政方面的支持一定要向农村倾斜，而不能只注重大城市。第三，以质图强。通过提高身体的质量达到强大，而不是让我们越大越胖。目前，中国 80%的文盲都是 65 岁以上的，20 年后，这些文盲自然就退出了，就像一个水池一样，正的不断往里流，负的不断往外流，这样人力资源的水平会越来越高。

（2）使中国成为世界教育改革的引领者。当前中国对教育的关注是前所未有的，我们已经开始由原来的徒弟慢慢变成了老师，但是我们并没有做好当老师的准备。这种情况下关键是思想的引领，所以我们要研究采取什么样的方式能够让别人愿意接受，要用别人听得懂的语言和愿意接受的方式讲好中国的故事、讲好中国的思想、讲好中国的模式。还有一点就是中国古代的思想如何现代化，优秀的世界文化教育思想如何融入中国的现代实践，以及如何把当代的马克思主义中国化、国际化。

我试着研究了一下教育思想，提出了新儒家教育思想的理论：第一，传统优秀的中国文化思想，如孔子所说的有教无类、终身学习等，以及中华文化的其他优秀思想。第二，中国60多年改革和发展的成功实践以及几代领导人思想的沉淀，即中国特色社会主义教育思想。第三，世界的先进思想。未来教育的国际化不是西化，也不是美国化，而是东方化+西方化，未来的教育规划一定是统一标准+个性发展。

新儒家教育思想

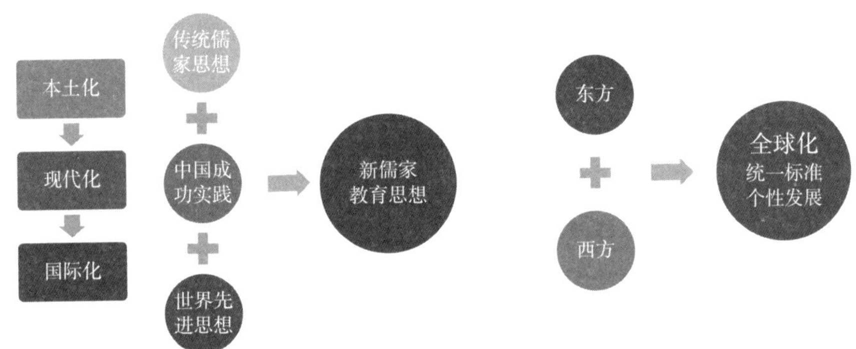

（3）加大教育投入，加快基本公共教育均衡发展，提升大学创新培养能力。联合国教育、科学及文化组织提出政府对教育的投入要不低于所有公共财政投入的15%~20%，中国的接近15%。

（4）提高公共教育服务的水平和质量。现在很多人都在“走出去”，但是回来的越来越少。我们应该思考如何提供好的公共服务，把他们吸引到国内。

（5）实现全民教育与人力资源持续开发。我们不能因为教育取得阶段性成果而放慢脚步，要谨记我们的教育任务还很艰巨。

（6）努力为全球提供更多更好的教育公共服务产品。现在基础教育越来越受到重视，因此，中国要努力成为全球教育治理的重要参与者，成为世界最重要的留学目的国，全面参与世界教育质量评估项目，积极参与国际课程标准的研究和制定，成为世界重要的中小学教师培养基地，成为全球公共教育政策重要制定者。

建设世界一流的教师队伍

我们要进一步加强教师队伍建设，弘扬尊师重教的社会风尚，改善教师的工作生活条件，努力让教师成为社会上受人敬重、令人向往的职业。

未来的教师首先必须是一个学习者——终身学习者。

全面启动“卓越教师培养计划”，旨在深化教师培养机制、课程、教学、师资、质量等方面的综合改革，努力培养一支有理想信念、有道德情操、有扎实学识、有仁爱之心的好教师队伍。

中国将成为世界最重要的教师培训中心。

培养一大批有智慧、有激情和有创新力的校长。

（7）要以贡献为导向，改革劳动人事和分配制度。强调智力贡献和体力贡献，所以要建立体现社会公平正义的社会流动激励制度；建立体现劳动价值和社会贡献的劳动人事分配制度；以企业为核心，构建“核心人力资源”体系；营造全社会尊重知识、尊重人才、尊重贡献的社会文化氛围。

按照我们的测算，到 2030 年中国和美国预期人均受教育年限有可能缩短为 1 年以内。1950 年中国平均受教育年限相当于美国的 11.9%，我们还有很大的成长空间，2030 年有可能达到美国平均受教育年限的 90%以上。

1950~2030 年中国、美国、世界平均受教育年限及中国相对美国的追赶系数

年份	中国/年	美国/年	世界/年	中国/美国/%
1950	1.00	8.38	3.17	11.9
1960	2.00	9.15	3.65	21.9
1970	3.20	10.77	4.45	29.7
1980	5.33	12.03	5.29	44.3
1990	6.43	12.14	6.09	53.0
2000	7.85	12.71	6.98	61.8
2010	9.10	12.70	7.76	71.7
2020	10.45	12.80	8.50	81.6
2030	11.90	12.90	9.20	92.2

世界给中国一点时间，中国教育将给世界一个惊喜。就像习近平总书记说的：“我们有本事做好中国的事情，还没有本事讲好中国的故事？我们应该有这个信心！”

马力：听了高教授关于人力资源战略的思考，深受启发，下面我来抛砖引玉，与在座各位共同探讨人力资源的战略发展强国战略在教育之外，有无其他内涵。

因国务院参事并不代表各个部门的利益，更多的是从全局考虑，为政府、为国家提供咨询建议，所以我谈的不代表单个部门，而属于战略思考。

一、人力资源发展战略核心的内容

人力资源发展战略最核心的内容是什么？就是现在面临新常态下的经济下行，中央做出了重大的战略决策——供给侧结构性改革。供给侧结构性改革的核心是什么？就是转换动力。

第一，人口红利消失或者消退。国际社会的经验表明：在任何一个经济发展的阶段，只要收益率持续下降，就会出现人口红利现象。也就是说，人口红利是各个国家都可能会出现的一个现象。新中国成立以来的前 30 年，人口的高增长集聚了丰富的劳动力资源，改革开放以后的 30 多年，人口的低增长导致了抚养比的下降，这使得我们国家出现了“四高三低”的现象，“四高”分别是人口总量高、流动性高、劳动力分配率高、储蓄率高，“三低”分别是出生率低、劳动力价格低、抚养比低。“四高、三低”为中国带来了比其他国家更高的人口红利，改革开放释放了人口红利效益，使得“人口红利+改革开放”创造了中国 30 多年的经济高速增长。

人口红利对经济的贡献率高达 27%，但是，2011 年劳动力总量开始下降，劳动力成本开始上升，资本的储蓄率也开始有所下降，同时，老龄化的到来，抚养比开始上升。诸多因素使得我们的人口红利开始消退。而 2012 年经济开始下行，也就是说，人口红利消退和经济下行高度吻合，使得我们国家的发展动力出现了问题。这就提出了一个非常重大的问题：

我们靠人口红利、靠人力资源来推动国家发展已经不可持续，下一步该怎么办？

第二，劳动生产率大幅度下降。改革开放以来，我们的人力资本对经济的影响可分为三个阶段。

第一个阶段，农村过剩劳动力向城市转移，从第一产业向第二产业转移，这个过程中劳动生产率大幅度提升，因为无限供给的劳动力使得劳动力成本极低。

第二个阶段，由于资本的回报大于劳动的回报，从而资本快速扩张，大幅度增长，也就是大家所说的“印票子”，所有的要素价格大幅度上升，劳动力成本也大幅度上升，这导致什么问题的出现？由于我们的劳动力成本和国际上比相对较低，企业没有创新的动力，效率开始大幅度下降，所以出现了产能过剩。

第三个阶段，劳动生产率的下降，难以启动、难以提升，从而导致资本回报率大幅度下降，2007 年资本回报率是 26.7%，2013 年资本回报率仅有 14.7%，下降了近一半。在这种情况下，大量的企业资本摊薄、回报率摊薄，资本大量逃离实体经济，就是我们目前的这种状况。

生产率低位徘徊，产能过剩，同时转型极为困难，核心在于什么？核心在于人力资本，人口素质跟不上经济发展的速度，导致我们国家的经济到今天动力不足，难以在短期内有所回升，也就是我们所说的 L 型经济。美国的人口是中国的四分之一，美国的人均受教育年限比中国多 5 年，而美国的劳动生产率是中国的 5 倍。全要素生产率因为比较难以测算，我只是把数字说一下，在 1995~2009 年平均是 3.9%，2011~2015 年下降到 3.1%，2016~2020 年将下降到 2.7%，我们所面临的劳动生产率下降问题极为迫切，对此，中央做出了进行供给侧结构性改革的重大决策。

供给侧结构性改革包含两大内容：一是人力资本提升。人力资本提升的关键是什么？就是要提高企业和个人的回报率，让企业的利润能高一点，回报率能高一点。提高企业和个人的回报率，借此推动整个社会对人力资本、人力资源的投入，也就是说，回报率高了才可能有更多的投入，如果回报率低的话不可能去投入，所以用这种方法来提高人力资本。二是结构性改革。我们说的“供给侧结构性改革”，最核心是什么？从低端制造业转向高端制造业，从制造业转向服务业，使社会得到快速发展。所以供给侧改革很大程度上要靠人力资本。

最关键的是新的供给的改革，它不是增量的改革，而是新生产力的供给，所以在这种情况下人才红利作为经济增长的新动力亟待培育。

第一个是受教育程度。首先要看到我们的成绩：一是义务教育基本普及；二是初中教育人群大幅提升，初中入学率是 99.9%；三是高等教育大众化基本实现，基本上已经达到中高收入国家的水平。但是，目前我们的劳动年龄人口平均受教育年限是 10.2 年,预计 2020 年是 10.9 年，2050 年是 12.9 年，到 2050 年才达到发达国家的中等水平。可见，中国教育的压力很大，还有很长的路要走。

第二个是劳动力的供需矛盾突显，体现为招工难、就业难的两难局面，即市场供给是错配的，2015 年专业技术人才和技能人员的市场求人倍率是 2∶1，普通人员和服务业人员市场求人倍率是 1.2∶1，所以就产生了招工难。就业难大家都知道，包括农民工的失业，最重要的是大学生失业。大学生的失业可以归因于知识结构的失衡，热门的专业和热门岗位之间的匹配度只有一半，或者我们大学生第一次就业的专业对口率只有 40%，也就是说我们培养了这些大学生以后，他的知识和市场需求不能匹配。大学培养的是思维方式、建立学习方法和建立创新精神和科学创新的意识，但是花了那么多时间、那么多资金、那么多人力，到最后培养出来的人才和市场匹配度这么差，所以很大程度上改革的力度还是不够。

第三，我们已经进入人才红利期。人口红利消退了，赶快延长人口红利，用什么办法？第一是调整生育政策，多生孩子，第二是延长退休，第三是提高劳动参与率，用各种办法延长人口红利。这样做短期效益是比较明显的，但是长期效益不行。而用提高人力资本、提高全要素生产率的办法，短期的效益明显，长期的效益递增，也就是说人口红利和人才红利的根本区别就在于一个是长期效益递减、一个是长期效益递增。所以，针对中国经济现状，下一步经济的发展要靠人才，靠人才红利。2015 年，中国大专以上和高中受教育水平的增长率分别达 2.26 个百分点和 2.63 个百分点，但是劳动率下降了 1.1 个百分点。也就是说，人力资源培养的能力和劳动力数量的增加大大抵消了劳动率的下降，所以我们现在开始进入人才红利期。

二、思路

思路就是人口红利，我们所积累的这些不平衡和不可持续得在人才红利期消化掉，要保持强劲的动力，那么靠的是什么？

第一，投资于人，优先投资于人，优先投资于人的全面发展，也就是说经济发展是为了社会发展、民生发展这个目标，而社会发展是为了人的发展这个中心，所以我们最终是为了人的发展。因此要把教育、健康、社保、就业等这些都附加于在人身上的这种投入，通过这些来更好地提高人的全面发展。所以我们要从以对物的投资为主转向以对人的投资为主，从人力资源大国转向人力资本强国。

第二，社会发展滞后于经济发展，使社会出现了诸多问题，尤其是经济下行，其根本原因就在于社会发展滞后，如城镇化、教育、医疗、卫生、就业、住房、环境等，它不是一般意义的经济问题，它是社会问题。我们把它搞混淆了，所以大量的问题进入市场去解决，导致我们把经济和社会这些领域过度市场化。所以要厘清政府、市场和社会的关系，进行更好的区分，推动社会更好地发展，使民生问题得到更好的解决。

第三，人力资本是经济发展的根本动力。科技创新的爆发期和推动产业分工、产业发展的加速期即将到来，中国一定要抓住机遇，在全球结构分工中占据有利地位。未来的社会是智能社会，资本要大量雇佣机器人，需要有智能的、有技术能力的人来驾驭这些机器人，在这种情况下制造业要回归成本低的西方。我们现在习惯的是大规模的和标准化的发展，而未来的产业要转向个体化、柔性化需求的发展，所以我们如果跟不上的话，就有可能被新一轮的技术革命淘汰。要想跟上新一轮技术革命的核心就是人力资本的建设。

三、目标

人人都是财富，人人尽展其才，人人分享成果。改革是一揽子的改革，我们必须得排出先后顺序，对整个经济未来发展影响明显的就是人力资本的建设，要从人力资本入手，推动整个改革，提高经济的增长，也就是我刚才谈到的全要素生产率提高和创新能力。人力资本投资最核心的是超常规的向人力资本投资，具体方法刚才高教授讲了很多，此处再补充几点。

第一，全面培育未来的优秀人才，我认为 12 年的义务教育应从幼儿园开始，幼儿园是人生最关键的时期，小孩行为方式、思维方式的建立都是在 3 岁以后，所以义务教育应从幼儿园开始一直到初中，将来随着经济发展再把高中纳入进来，实行 15 年义务教育。另外，均衡教育资源，鼓励民办，涉及城乡均衡、校际均衡，允许农民工子女入学。还要注重教师的培养，没有优秀的教师谈何人才培养。

第二，全力培育市场短缺的技能人才和蓝领人才。我们国家最缺的是技能和蓝领人才，美国 80%的人上的是社区大学，毕业工作后动手能力强。而我国重视的是大学，理论知识过硬实践能力欠缺。

首先，加大对普通劳动者尤其是农民工的培训，让 30 岁以上的人都必须具备一门技能。

其次，理顺企业中技能人才的上升渠道，每一个人都要成为职业化的，360 行，行行都应该是职业化，根据不同的职业级别和薪金对照，是八级工就是八级的工资，是一级就有一级的工资，随着技能的提高而提高工资，整个社会都要有向上的意愿。

再次，大力发展一体化现代的职业教育体系，其中最关键的就是终身教育，老年人是社会稳定和家庭稳定的根基，所以老年人的教育非常重要，尤其是对高技术人才系统的教育，让这些人不断地发挥作用。

最后，三本以下都改成大专，然后培养大专生，不能都培养科学家，消除职业教育和普通教育间的壁垒，让学历和价值体系能够互换、互认，这才能真正体现社会的价值。

第三，大力培养和国际接轨的高科技人才。要区分应用型人才和研究型人才，建立两类教育体系，以科技创新为突破口，培养与国际接轨的、能与对接市场需求的复合型人才。

第四，构建人才战略资源的聚集格局。建立高层次的、创新的科技人才体系，培养高水平的团队，与世界一流的科学家对接成立一个试验室，跟踪世界前沿的研究成果，从而引领国家和企业发展。同时，还要建立聚集人才的基地，让科学家和重要的人才能够合作和对话。

人力资源与创新

》梁建章

梁建章：非常高兴有机会同大家分享。2007 年我卸任携程的 CEO，去攻读经济学的博士，研究方向是劳动力经济学，也就是人力资源经济学。之后我就研究创新创业，发现创新创业与人力资源，尤其是与人口有很大的关系，再之后我就去研究中国的一些人口政策，期间也参与一些推动人口政策的改革。

2013 年，我重回携程任 CEO，目前担任董事会主席，从对旅游行业和旅游互联网的感受而言，这个行业跟创新大有关系，我会跟大家分享一下我对人力资源与创新，人力资源与国家竞争力等方面关系的理解，包括对我们目前的政策提一些建议，希望能借此加强我们国家的人力资源建设。

首先请携程的首席运营官孙洁女士来介绍一下旅游行业的情况，包括旅游行业国际交流的加强。创新很重要的一点就是怎么加强国际交流，就国际交流本身而言，旅游也是很重要的一种方式。另外，旅游行业也可以反映出像我们这样的一些企业遇到的创新问题，先请孙洁女士来跟我们分析旅游行业的情况，谢谢！

孙洁：大家下午好，我先简短地介绍一下人力资源在旅游业中的作用。就像梁总提到的，旅游业是人的行业，是促进国际交流很重要的一种方式。我们借助于梁总的研究，充分发挥我们人力资源的作用，尽力赶超世界强劲的对手。

目前，出境游增长率远远超过入境游，其中很大一个原因是我国的人力红利，还有就是我国 GDP 处在不断上升的通道中。我们在这一块上耗尽心力，努力寻求使出境旅游业发展壮大的方法，使之成为一个支柱性的行业。我国目前出境业的增长是 9.8%，近 10%的增长率，而入境业只有 4%。当你看到海外人口稀少时，你就会深深感触到，人口不是一个负担，而是一个财富。

旅游业的一大特点是一业兴，百业旺。它可以带动很多辅助性的行业；它的链条很长，能够提供很多就业机会。以携程为例，携程目前有 3 万多名员工，每个员工的链条都很长，所以整个旅游业的人力资源可以达到百万和千万的数量级，而且旅游是绿色产业，幸福产业。

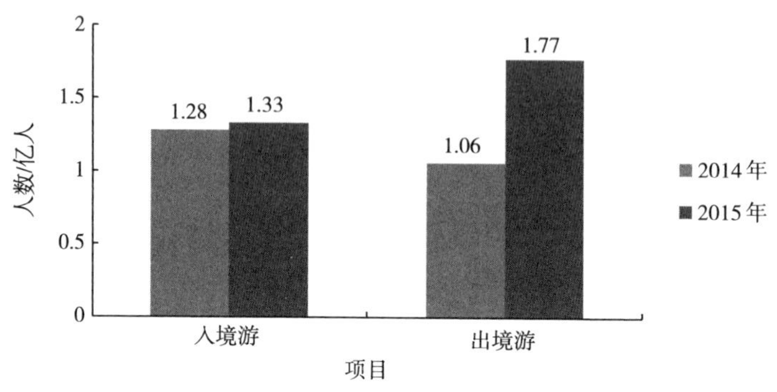

中国入境游和出境游人数

资料来源：国家旅游局统计数据报告

古人说："读万卷书，行万里路。"旅游业的发展也是一个创新的过程，一个学习的过程。

携程依靠高科技的人才，在技术、服务、产品、品牌等方面下大功夫，最终使自己在行业内遥遥领先。我们的使命是通过我们的智慧和人才，让从事旅游事业的人以及旅游的人更加幸福。我们的责任是帮助政府部门进行宣传，树立中国游客的良好形象，鼓励中国人走向世界，成为和平使者。近年来，携程推出了一系列措施，鼓励"中国好游客"，我们希望携程的每一个员工、每一个客人都能代表中国的形象，成为中国的友好使者。我们的目标就是成为业内遥遥领先的旅游服务公司。

由于我们在人力资源上的投入，携程在出境游领域遥遥领先。平均每 5 名中国出境游客中就有 1 位是通过携程预定的。携程也是旅游行业高科技的代表，借助高科技不断巩固自己的领导地位。就我们 2016 年的市值而言，携程成为全球第二大的旅行公司。

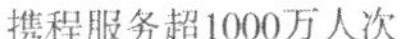

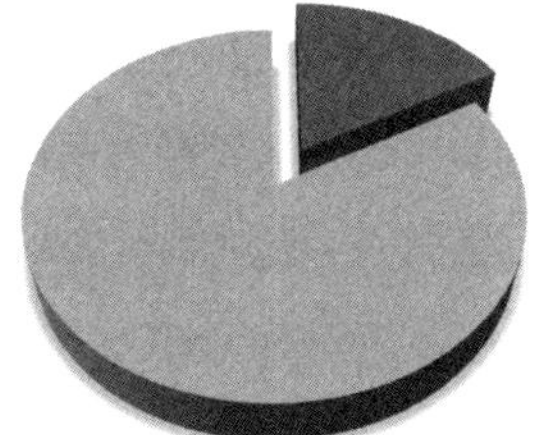

2016年上半年出境 游人数统计

携程的策略是加强人力的持续投入，只有这样，才可以和世界巨头放手一搏。未来我们会不断加强人力和科技方面的投入，使自己与全球第一大旅行公司不断拉近距离，甚至反超于它。

在这个过程当中，携程为整个旅游业做出了巨大贡献，为全球的航空业和上游其他行业创造了巨大价值，同时也为遍布全球的客户提供了多赢便利。我们的团队非常年轻，平均年龄约 25 岁，提供的是 7 天、24 小时不间断的服务，其实就是日不落的服务。

这次也是难得的和在座各位领导沟通交流的机会，可以跟各位领导汇报的是，首先，携程在与世界巨头的竞争中，最殷切的希望是把全世界的客人带到中国来，促进国内消费。在这个过程中，携程希望得到政府各大部门的鼎力支持。Booking.com 在荷兰发展的过程中，荷兰的总理经常跟 Booking.com 的 CEO 见面，因为荷兰政府认为旅游业是非常重要的支柱产业，政府需要给旅游业的发展提供足够的支持。我相信我们的政府也会给携程集团大力支持，并助力携程保持在国际竞争中遥遥领先的行业地位。

其次，携程认为双边签证制度对旅游业的发展非常重要。如果我国双边签证制度能够进一步落实的话，对促进全球旅游业的发展、拉动我国国民经济的发展会有很大的帮助。我们在此呼吁，各位领导能给予相应的支持和帮助。

再次，就是要集中全部的旅游资源，用市场化的方式营销中国。目前，很多省市都在国外做局部性的营销投放，如果我们能够把所有省市的资源集中在一起，集中来营销中国，那么营销效果会更好、更有效。政府在这方面可以起到引领的作用。

最后，携程上市。携程在旅游业领域取得了很好的成绩，携程上市的时候市值大约5亿美元，现在市值已接近300亿美元，所以欧美投资者很开心，他们从中获利丰厚。如果携程这样优秀的企业能够在中国和美国同时上市的话，相信能够吸引更多的人才，改善中国人才市场，为中国营造更好的形象。

如上是一个很简短的介绍，谢谢各位！

梁建章：今天我讲的题目是人力资源与创新。创新为什么重要？因为一个国家的经济发展与创新有着密切的关系，尤其是国家发展到了中等收入国家以后，如果要进入富裕国家行列，基本上要靠创新。简单地说，你穷的时候可以不创新，你“复制”别人就行了，但是如果追赶到一定程度，就必须要自己创新，这点已经在业内达成共识。

宏观经济要素中，稳定的政府和政治、完善的基础设施、完备的金融体系等都是非常重要的，但最难的是教育、人力资源与创新，这两个要素领域是最难的，尤其是人力资源与创新，我们也可以认为创新是宏观经济要素中最关键的。

我们学历史的时候最纠结的一个问题就是，中国人为什么突然就不行了？近代之前的中国领先于世界,但是近代以后中国的国力就不行了。为什么英国这样的相对于中国而言的小国爆发了工业革命，然后扩散到整个欧洲,中国反而没有达到这样的高度？这个问题尽管不是我们讨论的重点，但是这跟创新也有关系，为什么创新在英国先爆发呢？

人类历史？中国人的科创情节？

- 约瑟难题 (Needham's Question)
  - Political Institution, Culture, Geography, Patents
- 创新的难度也增加
- 创新的投入指数增加

过去两三百年，全世界经济以爆发式的速度发展，总体来说，这是创新的大趋势。与此同时，创新的难度也在不断增加。虽然创新对人的要求越来越高，但为什么创新的速度不断提升呢？主要是因为各国创新的投入呈指数性增长，创新的投入增长得更快。

为什么创新越来越难呢？我们可以给出两个数据：一个是申请专利者的年龄。所有专利申请者的年龄趋势一直是往上走的，最近几十年创新的人越来越老了。

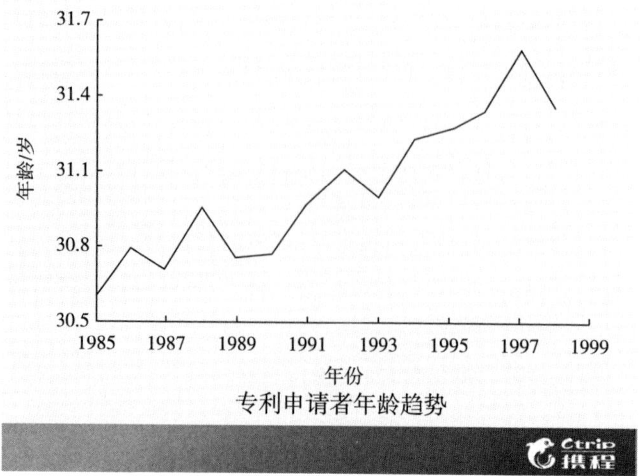

专利申请者年龄趋势

另一个是专利申请合作人数。合作的人数也越来越多，原来可能是一两个人，如达·芬奇一个人可以跨很多界，现在基本上不可能了，一个专利需要很多人，而不是说一个人可以申请很多跨界专利。所以，总体来说创新是越来越难。

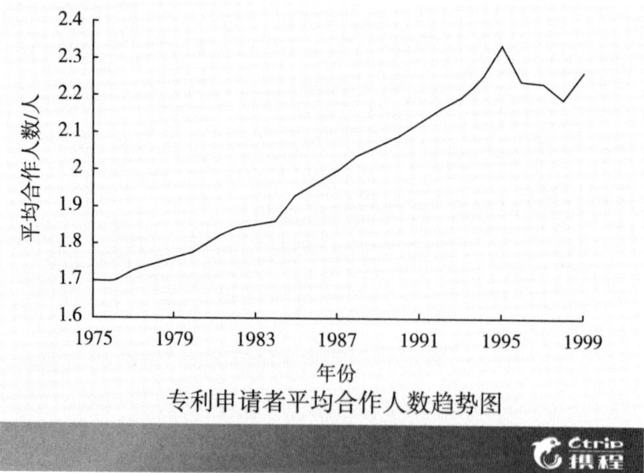

专利申请者平均合作人数趋势图

为什么说创新越来越难是可以理解的？因为总的来说，创新是要站在巨人的肩膀上，随着人类知识的积累，这个巨人变得越来越高，也越来越大，这个巨人的肩膀就变得越来越宽。所以如果要创新的话，那必然要学更多的知识，博士生毕业或许都不够，所以创新的年龄会越来越大。知识越来越多，又不能完全掌握怎么办，那么就会变得越来越专，学科也分得越来越窄。

创新实际上是一个把现有知识重新组合的过程。最大的创新还是跨界知识的组合。虽然说创新者不得不越来越专，不得不学习越来越多的知识，但是跨界知识的组合、跨界创新是必需的，为什么说一个专利现在需要越来越多的合作者，因为此时对人力资源的要求是越来越高的。

当前，我发现越来越多的经济学家开始研究创新。其实创新经济学研究总体来说是比较新的一个学科，而且研究成果也并不是太多。在创新经济学研究中，一个很重要的研究领域就是判断哪些要素对创新是有作用的。例如，关于产业政策的讨论，有一派观点认为政府可以用一些产业政策推动创新，有一派观点则认为政府并没有发挥太大作用。我更倾向于后一种观点，就是很多时候，政府或许不能起到直接的作用，但是政府的间接作用是不可忽视的，政府需要担当起营造创新环境的大任，同时发挥对人力资源的引领作用。

创新和创业的研究

- **制度**
  - **稳定**
  - **市场经济——激励和分权**
  - **开放——和全世界的交流**
- **人力资源**
  - **数量——人口，移民**
  - **质量——教育**

创新比较重要的一点是需要稳定的政局，稳定的政局可以起到促进作用。一般情况下，国家都能保持稳定的政局。而在市场经济下，企业家要有足够的精力和足够的自由去创业，这个一般情况下也能做到。

开放也很重要，如果缺乏与国际上的交流，要实现创新就很困难。只有国际交流非常充分，在这个基础上才可能有自己的一些想法，因此，与全世界的紧密交流也很重要。

创新需要人力资源作为强有力的支撑。人力资源说简单一些，就是一群高素质的人才，而且人才的数量和质量是同样重要的。创新是不确定的事情，有点像足球，在广大的群众基础上层层提拔，才有可能挑选出足够优秀的足球苗子，所以数量也是非常重要的，今天着重强调的就是人力资源的数量和质量。

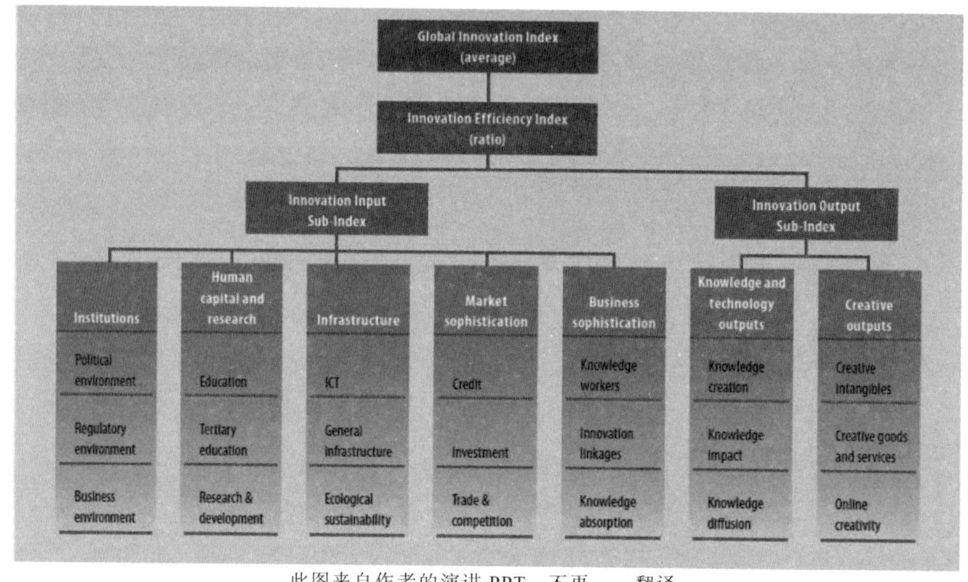

此图来自作者的演讲 PPT，不再一一翻译

我们研究和追求创新，首先要能够测量创新。创新有很多维度，光看专利数来评断创新是片面的，世界上专利数最高的国家可能是日本，但是我们知道过去几十年中，日本的创新是比较弱的，形成这样的判断的主要原因是日本的创新都是小的改变性的创新，颠覆性的创新比较少，所以专利是一个很重要的反映，但是绝对不是唯一的反映。

还有创新数字的测量问题。创业怎么定义，开一个很小的摊点也叫创业，从创新的层面看，就没有什么意义。要从创新的角度来测量创业的质量，比如说风险投资就是一种比较好的测量。

随着相关学术杂志的发展，或者是科技研发和市场转化投入（research and business，R&B）的进展，有不少衡量创新的指标。有一个组织把这些指标综合起来，给每个国家计算出一个创新指数。下图就是这个组织描绘出来的一个结果。横坐标是人均 GDP，纵坐标是这个国家或地区的创新指数，每一个圆圈代表一个国家或地区，圆圈的大小代表这个国家或地区人口的多寡。可以看到，发达国家人均 GDP 很高，人均创新指数也很高，如美国。相对于发达国家而言，中国的创新指数还有一定差距。但是与人均 GDP 规模相当的中等收入国家，如巴西、泰国等相比，中国的创新指数是非常高的，远远超过其他中等发达国家。印度的创新指数在同样经济水平的国家中也是非常高的。相对于人均收入来说，这个创新指数可以预测未来的经济发展水平。为什么中国的经济发展能持续保持良好的势头？因为它的创新指数相对于经济水平高很多。创新指数较低的还有一些资源型国家，这些国家相对富裕，但创新能力较弱。

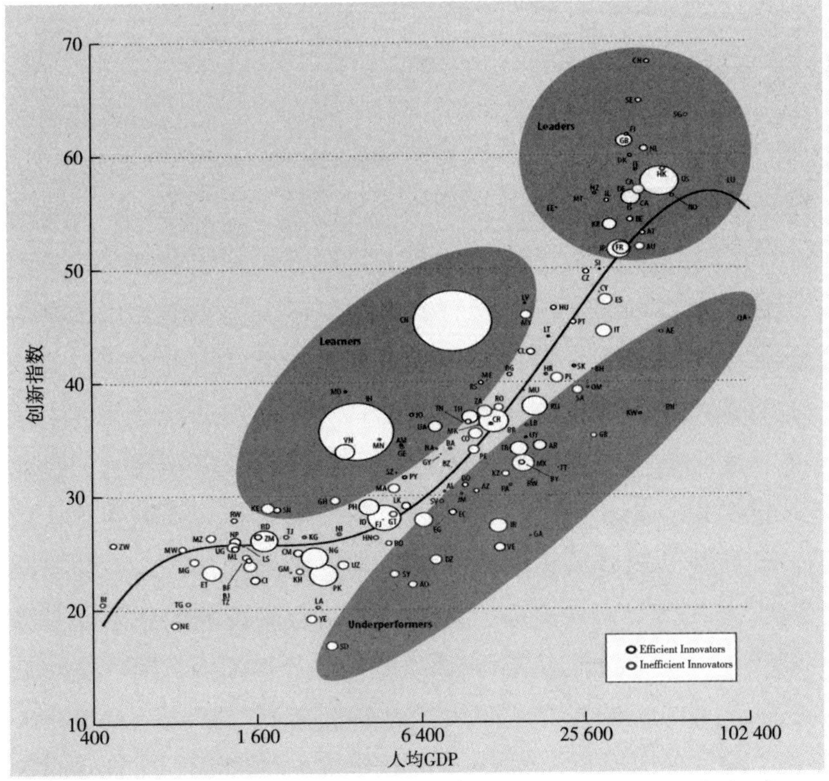

GlI scores v. GDP per capita in PPPS (bubbles sized by population)

此图来自作者的演讲 PPT，不再一一翻译此外，研发投入占 GDP 的百分比也可反映出一国的创新能力，下图是各国研发投入占 GDP 的比例，可以看出，中国现在已经远远超越巴西、墨西哥等国，已经接近韩国 20 世纪 90 年代的水平，中国未来还是有很大发展空间的。

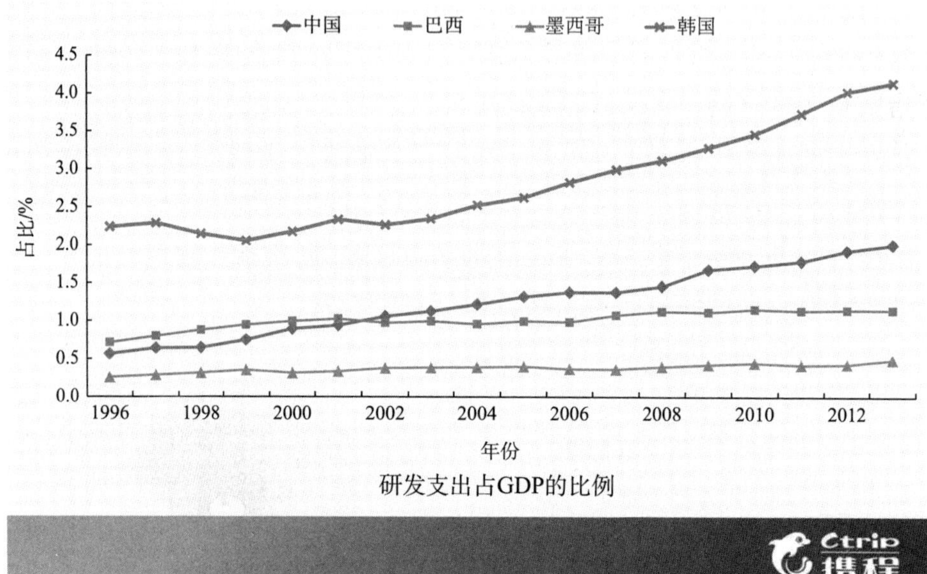

研发支出占GDP的比例

下图分别是各国（地区）每百万人的研发人数和高科技产品占出口的比例。从中可以看出，中国高科技产品占出口额比例已经接近韩国的水平，比其他中等发达国家（地区）要高。创业跟创新之间的关系是什么？创业对于创新而言是非常重要的，一些改进型创新现有的企业和大企业往往也做得不错，但是颠覆性的创新一般来自于新的企业，因为颠覆性的创新往往要破坏既得利益。像美国以前最大的书店，它可能就不太愿意花大力气拓展网上渠道，它认为网络会颠覆它的线下业务，而且大公司的官僚主义风气会使得下面的人不太愿意冒险，因为成功后，创新者得到的利益不多，但是一旦失败，创新者的“饭碗”就丢了。只有自己是企业家，创新成功后才能确保得到很多的利益。而且很多大企业里面，具备创新能力的大部分都是年轻人，而此时他们一般都是在企业的底层，颠覆性的想法也很难得到认可。所以颠覆性的创新往往来自于一些新的企业，而创业对于这类创新是非常重要的。

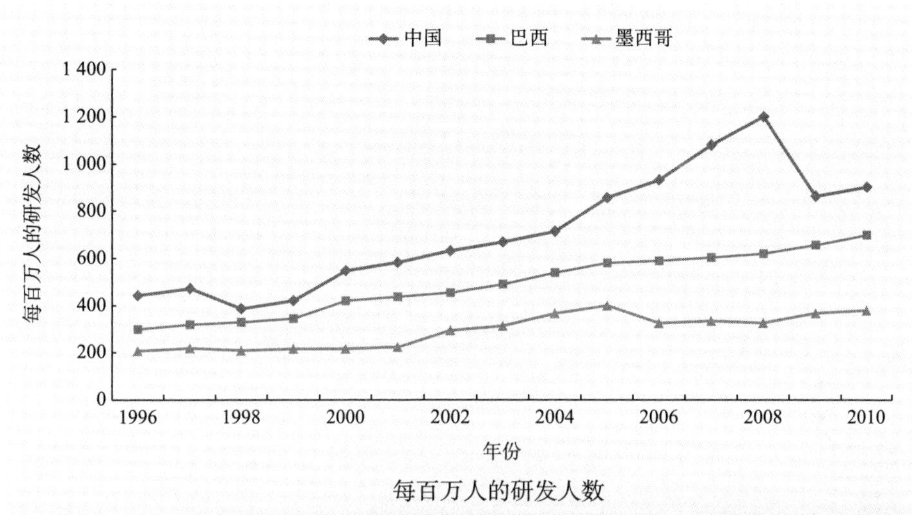

每百万人的研发人数

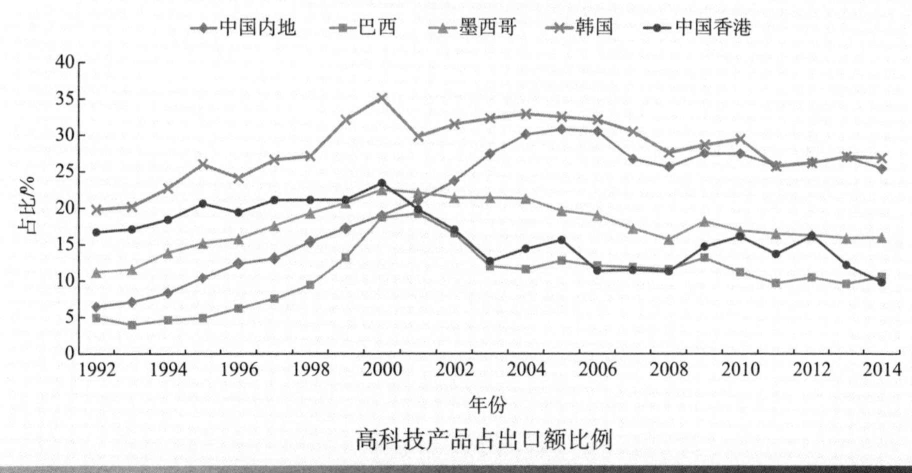

高科技产品占出口额比例

提高人力资源数量有两个途径：一个是人口，另一个是移民。下面我们分析一下人口规模和科技创新的关系。经济学鼻祖亚当·斯密曾说：如果每个人都追求自己企业的利益或者是个人利益的话，整个经济就变得最有效益。这个论断也是颠覆性的想法创新。为什么市场经济会使大家富裕呢？为什么一个国家实行市场经济就会富裕呢？市场经济最核心的观点就是专业化，分工越来越细。分工越来越细归根结底还是一个规模效益。一个人或者一台机器，如果是横向地做一百件事跟他专门做一件事相比，专门做一件事的效率就很高。所以，专业化以后，分工越来越细，每一个环节、每一道工序都会产生很高的规模效应。

人口也是类似的道理。如果在一个小国或者一个小城市，再专业化，规模上也不会太大。而在一个大国或者一个大城市，如果通过国际贸易占领了全球市场，那这个专业化带来的规模效益就会很大。规模效益是经济学里面一个根本的现象，市场大、人口多是规模效益得以发挥的非常重要的因素。

创新领域中，研发的规模效益更大，因为一个新的事物被发明出来后，它可以几乎无成本地被复制。就像携程一样，携程拥有的是中国这样一个十几亿人口的市场，我们可以雇几千个工程师去开发一个 App，开发一个网站。如果是日本的同类公司的话，它可能只能雇得起几百个工程师，因为它的市场只有中国的十分之一。

当然，如果国内市场很小，通过国际贸易同样可以把产品销往全球，从而达到规模效益。以前的诺基亚手机确实是卖给全世界的，也有很强的规模效益。但这种一般是针对制造企业而言，因为它的产品、需求或者质量指标是非常客观的，如果这个指标确定下来，那就有可能支持一个制造企业的全球化发展。

发达国家中，日本和欧洲各国的制造业很强，它们有很多知名的制造品牌。但是从服务品牌来讲，美国比其他国家强得多。因为美国市场是发达国家中最大的，无论是连锁酒店还是星巴克、快餐，都是美国企业在自己的国家生产经营达到一定规模以后，逐步复制到其他国家的。互联网公司也是如此，美国的互联网公司最先实现了规模效益，最先获得成功，然后复制到其他国家。

中国是个例外，中国的市场比美国更大，所以美国的模式很难被复制到中国。因为一种模式一旦成型，中国实际上要比美国更早达到规模效益，所以等美国公司在美国做完以后，再复制到中国来，中国往往已经有其很强大的竞争对手了。因此，未来中国可能有的创新就能够先于美国获得成功，然后复制到其他国家。现在中国中产阶级的规模已经接近于美国，如携程某些产品的创新已经领先于美国公司，携程有信心把它复制到其他国家。

所以，规模效应是非常重要的，人才规模和市场规模对于服务业的创新、互联网的创新、文化的创新都是非常重要的，而中国的人口规模是一个非常重要的优势。

第二个效应就是集聚效应。集聚效应是指各种产业和经济活动在空间上集中产生的经济效果以及吸引经济活动向一定地区靠近的向心力。全球的创新中心现在主要是美国硅谷科创中心、纽约金融中心、洛杉矶金融中心及文化创意中心。为什么创新往往会集中在某一个区域呢？因为这些公司集中在一个区域的话，人才之间的流动就会变得非常方便，并且跨公司之间，甚至于跨行业之间都有很多的交流和碰撞，这样也会带来很多新的想法。如果只有一两家公司，那会造成人才流动不够，对创业是非常不利的。现在越来越多的创业公司实际上是跨行业的，就像携程，它需要旅游方面的人才，也需要科技方面的人才，还需要酒店管理方面的人才，在一个大城市可以找到各种各样的人才。

人口的集聚度取决于大城市的人口规模。下图中，横轴表示一国人口规模，纵轴表示一国最大城市的人口规模。可以看出，一个国家的人口越多，其最大城市的人口就越多。例如，东京就有 3700 万人，占日本总人口的近三分之一，韩国首尔有 2000 多万人口，占全国差不多一半的人口。相对而言，欧洲的人口集聚度相对比较低，这也正说明欧洲现在还是一个分割的市场，尤其是从人员的流动来看，虽然它的人员已经没有什么户籍限制，但是因为每一个国家的语言、文化都不一样，所以人口流动和人才流动受到语言和文化的阻隔，从而城市系数相对较低，这对于创新，尤其是服务业、互联网高科技的创新是不利的。

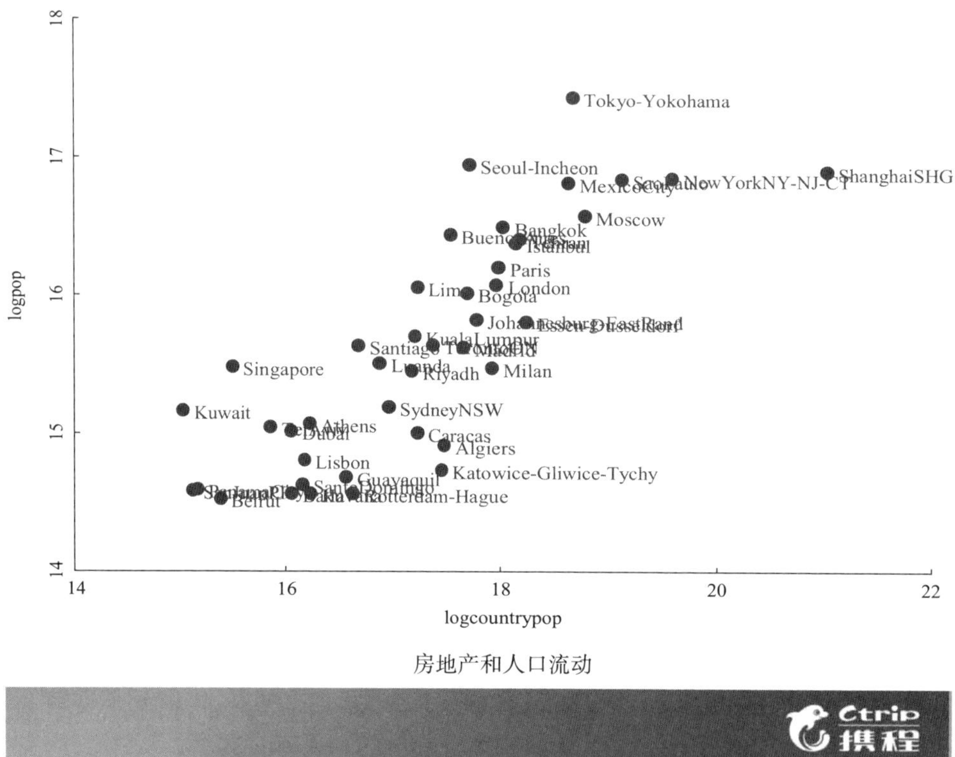

此图来自作者的演讲 PPT，不再一一翻译

中国的人口集聚度跟美国、跟亚洲国家相比是偏低的，而且中国应该有这个能力集聚人口，因为中国不同于欧洲，中国是没有文化和语言障碍的，所以中国完全可以流通得更好，产生更大的城市。

尽管大城市可能有各种各样的环境和交通问题，但是东京能够容纳3700万人，北京如果规划得好的话，容纳更多的人口是没有问题的。

第三个是创新和年龄的关系，我们以日本为例进行介绍。日本是世界上人口老龄化最严重的国家之一，下图是日本老龄人口指数与

GDP 对比图。从 20 世纪 90 年代起，日本老年人口迅速增加。为什么说 90 年代日本经济突然不行了，对此当然有很多解释：有人说是金融危机，但是日本陷入老龄化陷阱已经 20 多年了，金融危机的最长持续时间是 10 年；有人说是货币的问题，虽然说日元升值了，但是实际上日本贸易这么多年来还是一直保持着顺差，所以也不是货币问题。越来越多的经济学家给出的解释是人口老化导致创新和整个社会活力的缺失。

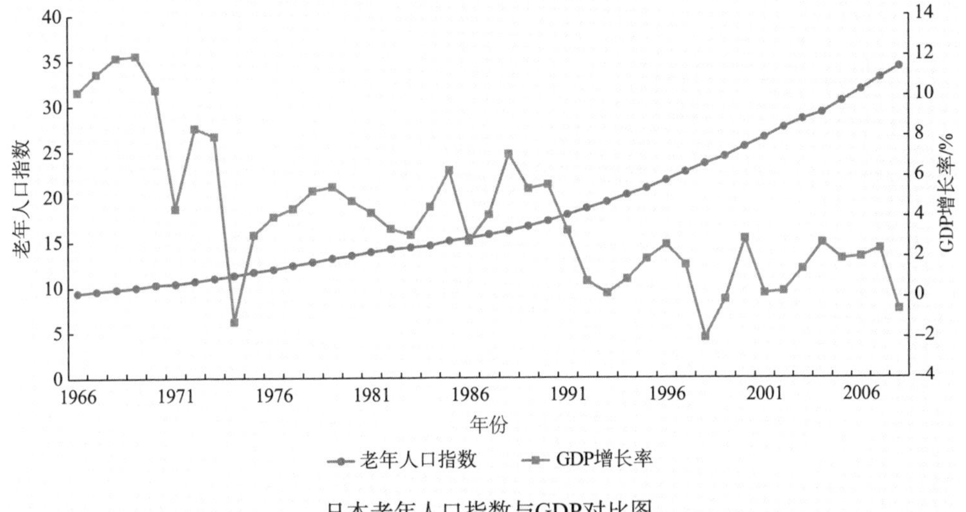

日本老年人口指数与GDP对比图

第二次世界大战后，日本的生育率迅速下降，2012 年，每一个日本妇女平均只生不到 1.4 个小孩，欧洲和美国比它好一点。美国的生育率比较高，平均能够生两个小孩，基本上维持了人口规模。美国在第二次世界大战后有一个婴儿潮，欧洲有一个小的婴儿潮，日本没有，所以它的新生人口立刻就下降了。

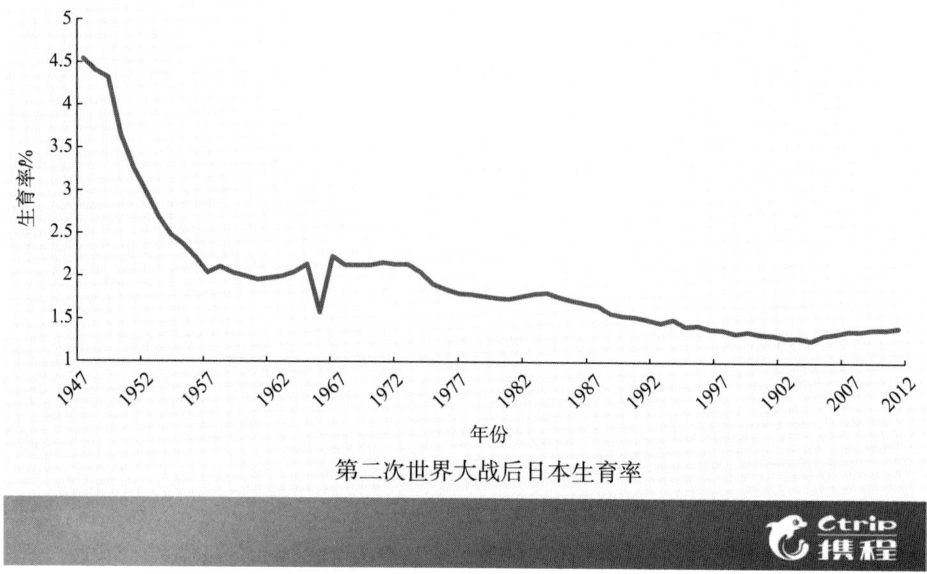

第二次世界大战后日本生育率

随着老龄化社会的到来，日本的创新企业的数目在下降，尤其是 20 世纪 80 年代和 90 年代，创业活力下降明显。

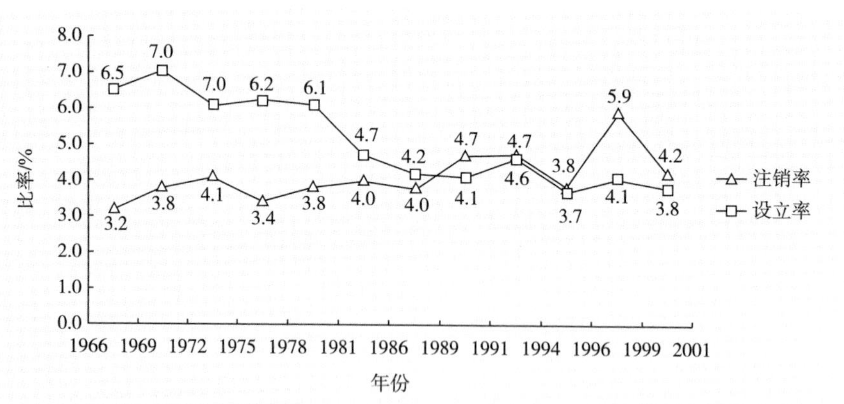

1966~2001年日本企业设立和注销情况

下表是美日前十大高科技企业，从中可以发现，美国很大一部分高科技企业是最近三四十年成立的，而且都是由非常年轻的企业家创办的。

而日本的高科技企业几乎都是第二次世界大战前后创办的。

美日前十家高科技企业比较

美国企业	创业者年龄状况	创办年份	创业年龄/岁	日本企业	创业者年龄状况	创办年份	创业年龄/岁
IBM	过世	1911		任天堂	过世	1889	
惠普	过世	1939		索尼	过世	1946	
微软（比尔·盖茨和保罗·艾伦）	62岁/64岁	1975	20/22	松下	过世	1918	
苹果	过世	1976		日立	过世	1910	
思科（莱昂纳德·波萨克和桑蒂·勒纳）	66岁	1984	33	东芝	过世	1875	
甲骨文（Larry Ellison）	65岁	1977	32	京瓷（稻盛和夫）	85岁	1959	27
谷歌（拉里·佩奇和谢尔盖·布林）	44岁	1998	25	富士通	过世	1935	
戴尔（迈克尔·戴尔）	52岁	1984	19	夏普	过世	1912	
高通（Irwin M. Jacobs）		1985		NEC	过世	1898	
EMC	过世	1979		尼康	过世	1917	
平均创办时间，39年				平均创办时间，94年			

日本的整体创业活力要比其他国家低很多，这和日本的创业年龄紧密相关。日本年轻人的创业活力尤其低，30岁的人的创业活力还不如50岁的，这是什么原因造成的呢？从下表中可以看出，日本随着它的企业和社会的老化，年轻人晋升的速度受到很大影响。企业中50岁的人比30岁的人多很多，年轻人的晋升速度就会慢很多。在20世纪70年代，35岁以下的课长占31.80%，到了90年代只占16.40%；70年代差不多有四分之一的部长在45岁以下，到了90年代这一比例只有7%左右，年轻人晋升的速度慢了很多。

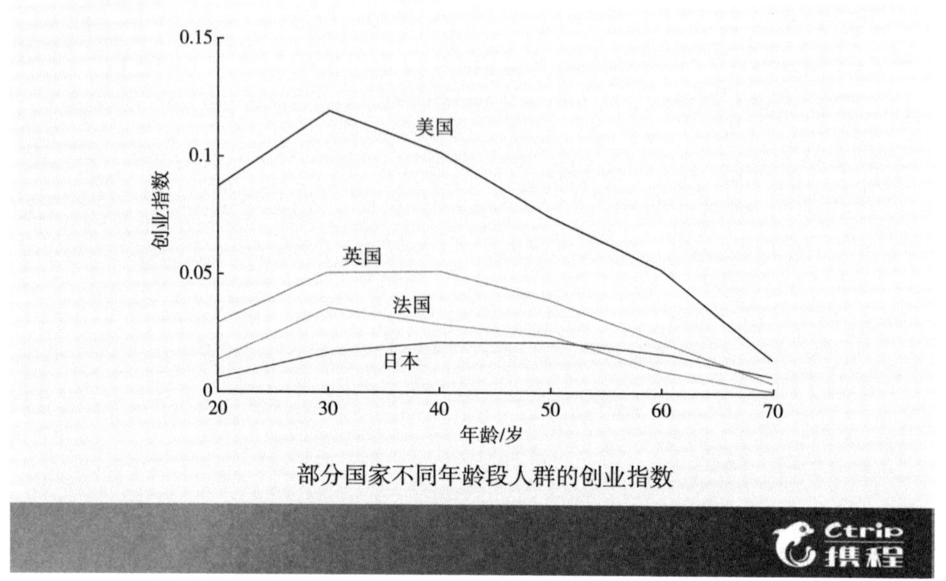

部分国家不同年龄段人群的创业指数

日本创业者年龄情况　　单位：%

年份	课长			部长		
	35 岁及以下	35~39 岁	40 岁及以上	45 岁及以下	45~49 岁	50 岁及以上
1976	31.8	31.9	36.3	24.5	31.1	41.4
1984	18.3	33.1	48.6	12.5	37.3	50.2
1994	16.4	23.5	60.1	7.6	27.8	64.6

年轻人得不到晋升，掌握不了社会资源，他的社会关系或者他自己的财务状况，以及事业和经验都会比较差，所以他没有太多的能力去创办新的企业。同时他在企业内部的发展也有限，企业本身的创新活力也会受到影响，所以老龄化不仅仅使新的企业受到影响，老的企业的创新活力也会受到影响。日本老的企业跟美国竞争当中，也变得非常保守。甚至跟韩国和中国企业比起来，它的创新活力都有一定的下降，这一切都发生在最近二三十年里，与日本的老龄化紧密相关。

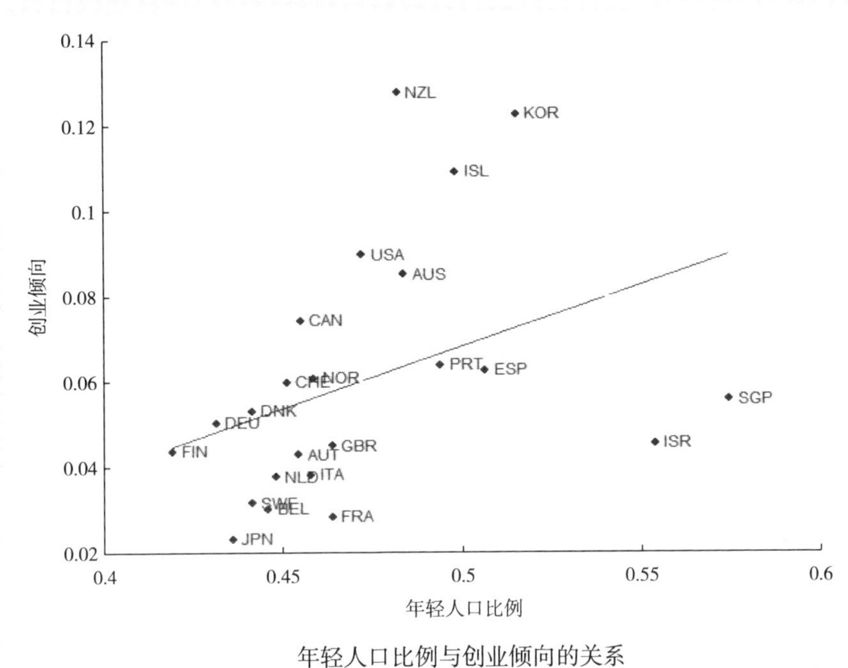

此图来自作者的演讲 PPT，不再一一翻译

不光是日本，我深入研究了其他国家的数据，发现国家创新创业的活力跟年轻人口的比例有直接关系，年轻的人口越多，人口结构越优化，创新创业活力就越旺盛。人口老化对创新创业和社会经济活力会产生很大的负面影响。

中国的人口结构和日本很相似，有大概 35 年的时间差。年轻人口占总人口的比例，中国大概到 2020 年达到日本 20 世纪 90 年代的水平，中间相隔 35 年。这是一个非常严峻的问题。甚至于 2030 年以后，中国可能会成为世界上人口老龄化最严重的国家，比当下的日本面临的老龄化问题都严重。

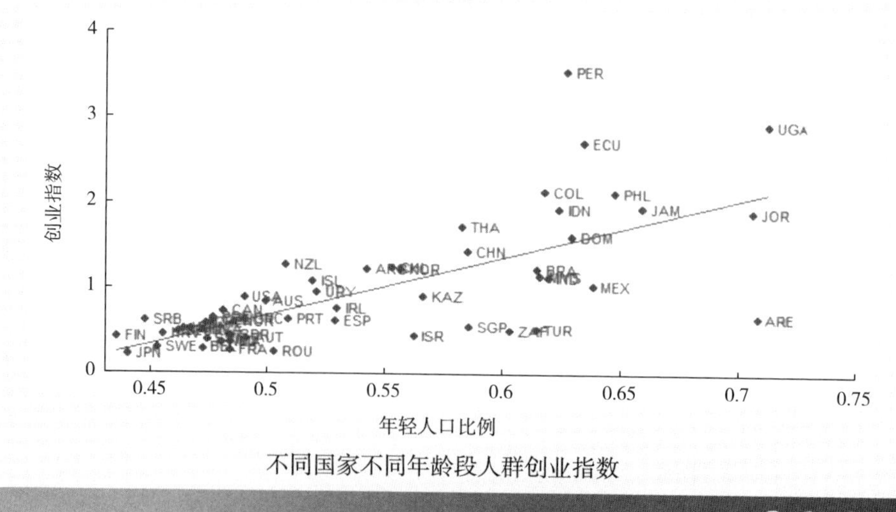

不同国家不同年龄段人群创业指数

此图来自作者的演讲 PPT，不再一一翻译

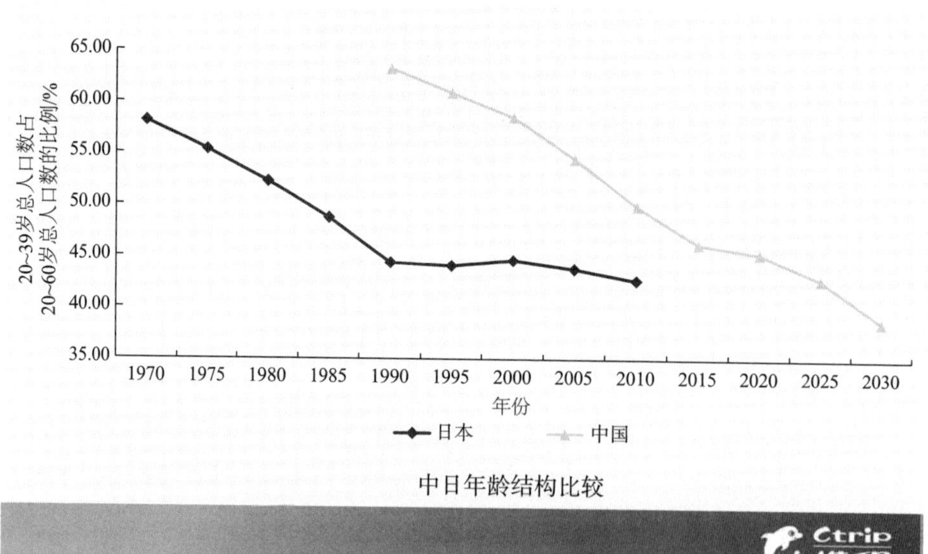

中日年龄结构比较

中国的人口前景很不乐观，北京、上海等大城市的生育率只有 0.7，这当然是因为之前并未放开二孩，统计的户籍人口的生育率只有 0.7，而户籍人口大部分都是独生子女。在自然情况下，这些人的生育率处于非

常低的水平。当然，随着国家政策的放开，这两年会好一些。但是，长远来看，越来越多的年轻人会到城市里，他们的生育率也不容乐观。

我们很多时候谈到人口架构，关注的更多的是养老负担的解决，其实这个相对容易解决。真正的问题是创新创业人才的活力下降、年轻人的活力下降，因为整个社会人口结构会更加老化、更加保守，创新的活力肯定会随之下降。

中国现在平均每年有1600万的新生儿出生，随着人口政策的宽松，这两三年这一数据可能会冲到2000万，出现一个生育高峰。但因为是补生，也就两三年的时间，过了这个阶段以后就回到正常生育水平。什么时候会进一步下降呢？到2020年，现在的90后要为人父母，他们需要生2个孩子才能维持中国的新生儿水平，如果生育率不能提高，还是平均每一个生 1.2~1.3 个小孩的话，中国的新生儿数目会减少，减少比例在30%~40%。如果这样的情形真的发生，中国人口的总数不会下降，因为人活得越来越长，但是15亿人口的国家，每年只生一千多万的人，那就老化得非常快。

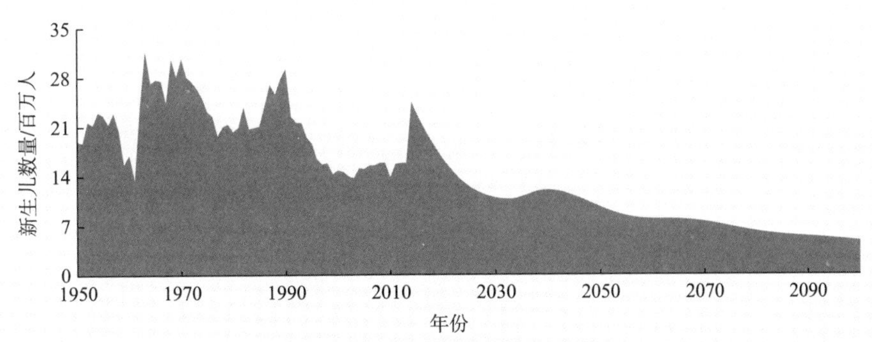

中国每年新生儿数量（2015年完全放开）

因此，首先应尽快完全放开生育。

其次，应放开大城市规模，取消户籍歧视。中国的城市偏小，需要扩大城市规模，这样能够大大提高城市的创新活力。这个很重要，因为像携程这样的公司，如果在北京、上海雇的年轻人都不能拥有北京、上海户口，或者说买房、成家立业，那对中国的创新活力会有很大的影响。取消户籍歧视不光是对携程这样的创新企业有影响，对于减少整个中国贫富差距也是非常有好处的。对于中国的穷人来说，或者是农村的穷人来说，最好的机会还是到城市里工作，才会有更多的发展机会。这对于农村也是有利的，一部分劳动力向城镇转移后会有更多的土地留给农村剩下的劳动力，从而提高这部分人的生活水平。

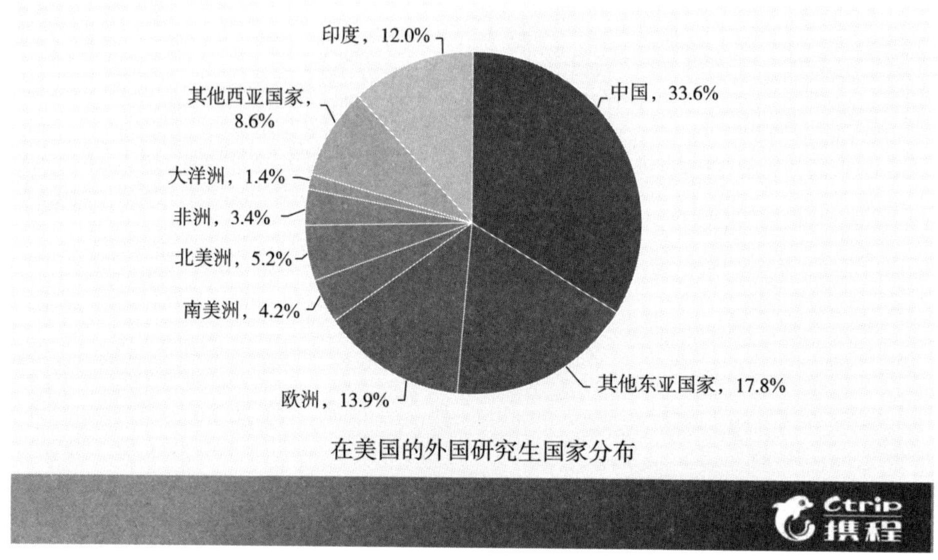

由于四舍五入，图中数据有误差，在可接受范围内

再次，财政应补贴生育。鼓励多生一些小孩最直接的办法就是财政政策的支持，所有低生育的国家都有不同的补贴政策。这个补贴政策要关注实施公平，还要注意国家补贴的金额占 GDP 的比重。补贴金额和生育率是存在比较明显的正相关关系，也就是说，如果补贴到位的话，很多国家能够把生育拉到 2 左右。

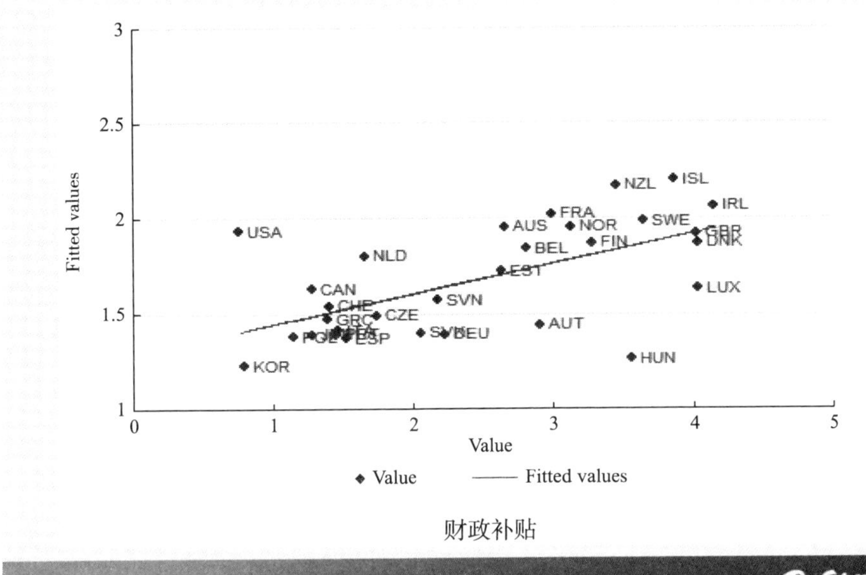

此图来自作者的演讲 PPT，不再一一翻译

生育率比较高的发达国家同时就是生育补贴比较多的国家，补贴比较多的国家一般来说也是比较有钱的国家，因为它有财力。中欧和西欧的国家补贴力度比较大，它的生育率比较高。而南欧和东欧的国家，它们的补贴比较少，生育率也比较低，随之这些国家的财政状况越来越差，所以基本上是一个恶性循环。也就是说，人口结构恶化以后，年轻人越来越少，经济越发不好，发展越来越困难。中国东北地区就出现了这样的现象，经济越来越差，人口越来越少。

最后是提高母亲的福利和地位。发达国家的非婚生育率是非常高的，如英国、美国的非婚生育率为 40%~60%，德国是 30%。东亚国家的非婚生育率就非常低，日本大概只有 2%，中国没有相应的统计数字，据估计，在 5%左右。如此低的非婚生育率在未来会是一个大问题，因为全球结婚率普遍在下降，城市里面很多人是不结婚的，如果这些人不生育，那么生育率就会降低。例如，据统计日本近四分之一的女性选择不结婚。剩下四分之三的女性如果平均每人生育一个小孩，那么生育率只有 1.5%。

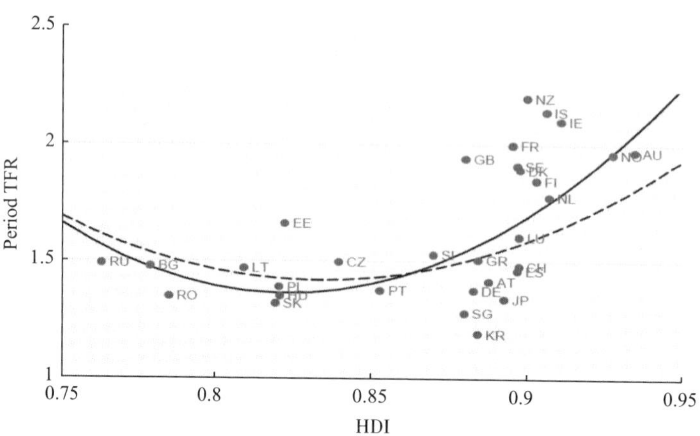

Predicted TFR trajectories by HDI, and scatter plot of TFR and HDI in 2008 for 35 countries

此图来自作者的演讲 PPT，不再一一翻译

资料来源：HDI UNDP. TFR World Bank Development Indicators. Mean age at birth own calculations based on data sources listed in the Appendix.

所以这是非常严重的问题。

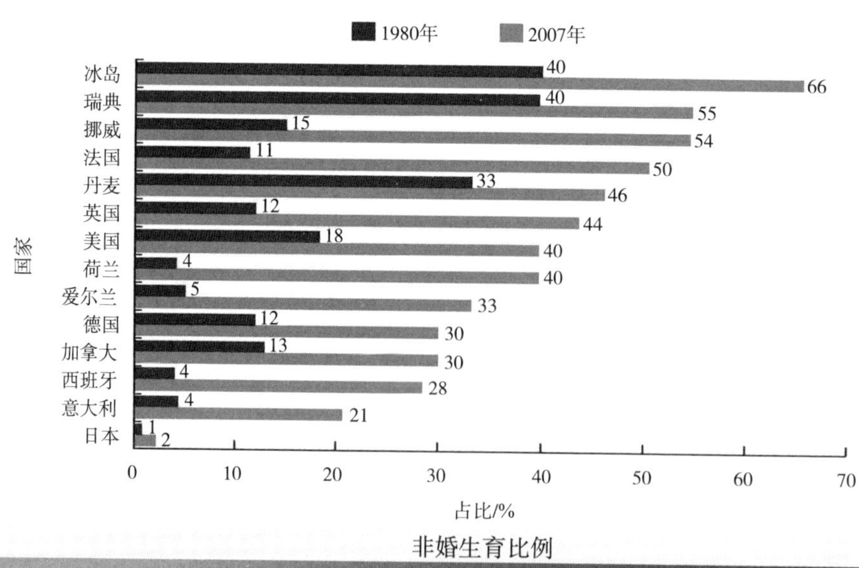

非婚生育比例

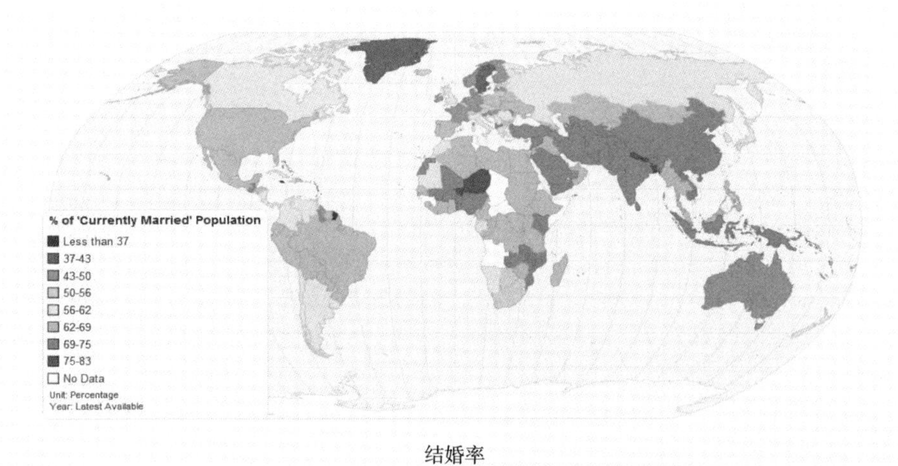

结婚率

此图来自作者的演讲 PPT，不再一一翻译

当然怎么样让单身妈妈也生小孩是一个综合性的问题，不可能展开来讲。北欧国家是怎么做的呢？北欧国家基本上就是不歧视，提供各种养小孩的福利，不歧视单身妈妈，该补贴多少钱就补贴多少钱，小孩也可以享受各种应有的教育，我们认为至少应该做到这一点。

刚才是数量的问题，现在探讨质量的问题，毋庸置疑，质量跟数量也有关系。美国的高科技公司有一半员工是第一代和第二代移民。美国每年大概吸引 100 万人，差不多是 3 亿人，所以它每年吸引相当于国内人口 0.3%的人。但是从相对比例来说，美国历史上不到 1 亿人的时候就吸引了 100 万人，移民占 1%。当然那次跟大规模移民有关，但是从另外一个角度讲，一个地方不断涌进移民的时候绝对不会是经济萧条的时候。

如果美国吸引的人都是没有技能的，那对美国的经济可能帮助不大。但是实际情况是，美国吸引的人才有相当部分是高科技的人才，也就是说，世界顶级的人才被吸纳到美国，这对美国经济的帮助无疑是巨大的。

对中国来说，几乎没有引进太多的高科技含量人才，相反，中国有大量的人在海外。中国的留学生大概是大学在校生的 5%左右，而且这个数字在迅速增长，每三到四年就翻倍。那么，最大的问题是很多人出去，没有人进来。现在中国没有移民机构，也没有移民政策，外国人几乎不可能在中国继续提高自己的能力。

这中间还牵涉一个教育问题。

教育对于提高生育率也有好处。教育改革有可能对提高生育率、降低教育的费用（包括时间方面的费用、金钱方面的费用）都有帮助。因此，我们建议缩短学制，取消课表。可以考虑把整个基础教育缩短到十年，并且现在互联网那么发达，互联网已经改变了课堂教育。提前几年毕业，就可以早一点工作，他就可以有更多的时间去安排家庭生活。这对增加人口也是有帮助的。

普及教育做好也就达到教育的目的了。如前所述，创新越来越难，要学的东西越来越多。虽然人的寿命越来越长，但最佳创业年龄、最富有创造性的年龄还是三四十岁。

最后我回到最前面的话题：中国为什么会在最近几百年落后于欧洲？我们可以回溯整个人类的历史，用创新的观点来回答这个问题。发展是建立在越来越多的人交流，市场规模越来越大，贸易种类越来越多，分工也越来越细的基础上的。另外，全世界的人共同去想一件事情，思想碰撞越来越多也是发展的必备条件。

在海上交流、海上运输、海上贸易关联起来以前，我们看世界交流的路径，最早的路径是在中东地区，埃及、以色列。后来开始航海贸易，地中海变成一个高速公路，希腊、罗马就发展起来了。

同时期的中国也是非常厉害的，那时候秦朝和汉朝统一了中国，中国的人口规模相当大，有七八千万人。明清时期，中国闭关锁国，不跟世界交流。

为什么明朝会实行闭关锁国呢？确实，中国作为一个大国，人口多、市场大，有这么多的规模效益的优势。但大国确实有一个潜在的陷阱：实行正确的政策，经济发展就非常好；实行错误的政策，有可能犯更严重的错。多跟其他国家交流，多多借鉴其他国家的经验，这个本身是没有问题的。

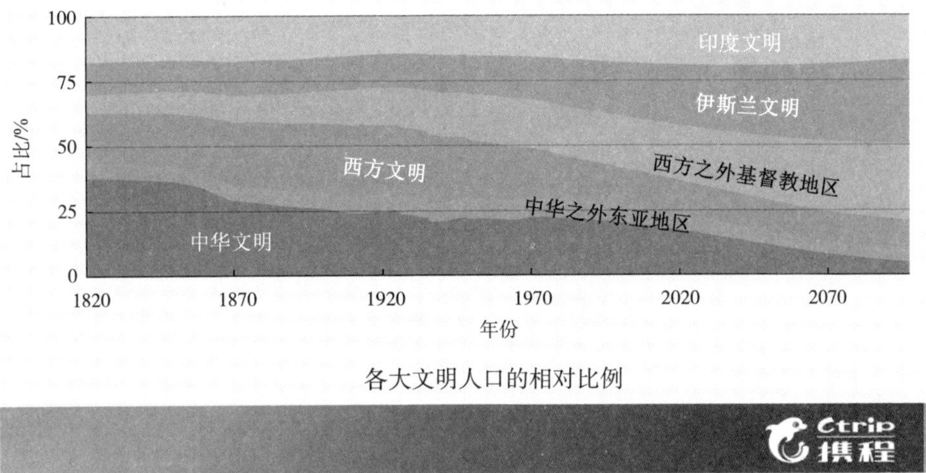

各大文明人口的相对比例

此外，在发展中，人口素质也是很重要的。中国作为世界文明非常重要的组成部分，我们应该尽量去擦亮中国的文化。在这个趋势下把中国的文化与世界文化紧密联系在一起。

经济新常态下的人才流动趋势

》郭 盛

我今天和大家分享的话题是经济新常态下的人才流动趋势，在演讲过程中，我会使用很多的数据来补充说明我的观点，而这些数据的基础正是基于智联招聘的平台大数据。智联招聘目前是国内领先的职业发展平台，累积服务的企业雇主数量超过350万，平台注册的白领用户数量超过1.2亿，在人力资源领域拥有23年的服务经验，所以我们平台上反映出来的就业大数据还是很有代表性的。

最近几年中国的宏观经济发展有了很大的变化，我们怎么观察经济的变化趋势呢？有一个很权威的指标就是GDP，通过GDP的变化我们可以发现中国经济发展步入了新常态。就业形势的变化与宏观经济是密不可分的，以前就业领域并没有和GDP一样权威的官方指标，所以智联招聘希望能利用自身的数据填补这个空白，通过持续性的对就业数据的调查研究，我们发现近几年互联网行业以及现代服务业等行业用工需求开始出现明显增加，这也恰好与我国经济发展轨迹保持一致。

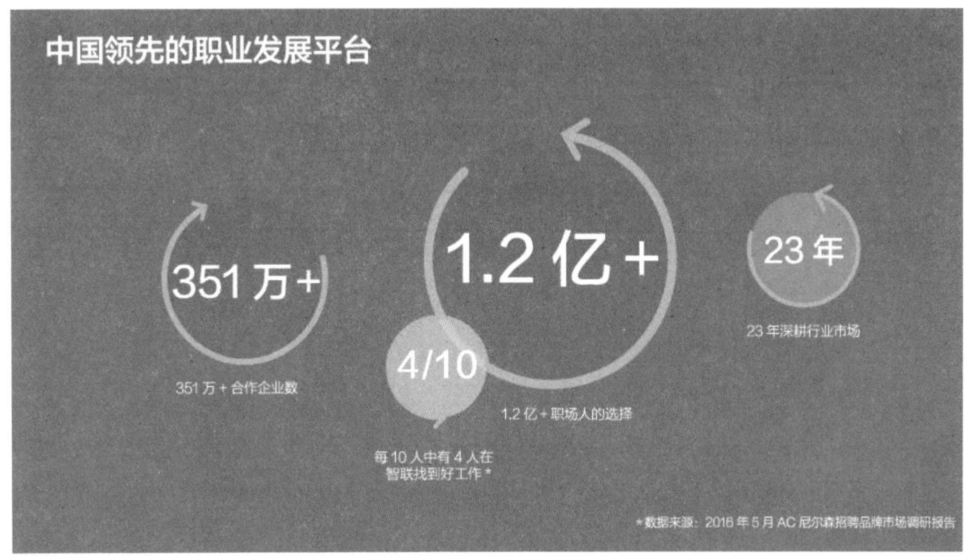

把就业形势的研究结果和最近几年的宏观经济走势结合，就是我今天的发言主题——经济新常态下的人才流动趋势。我今天主要想分享三个观点：第一，我国就业形势整体平稳，但风险聚集。根据统计，2016

年我国城镇登记失业率在5%以内，整体就业形势良好，没有出现大的波动,但智联招聘的数据研究结果可以发现劳动力市场有显著的风险聚集，尤其在不同行业中有明显的脱实向虚的变化趋势，不同地区之间的差距也在不断增大。第二，存在劳动力结构性失调问题，也就是资源错配。我国目前存在一些隐性失业和低效率就业，这会给就业形势带来潜在风险。我们认为一个国家的核心资源主要有自然资源、资本和人，中国的自然资源不是非常丰富，资本市场也有一些风险，但最核心的人力资源也不容乐观。过去国外对中国人的印象是勤劳、肯干、好学，但这些也在发生改变，我们的就业数据也许很“漂亮”，但实际的就业状况未必如此。第三，针对这些问题，提出三个解决办法。

一、谨慎乐观的就业形势，人才流动呈现新常态

2016年中国的就业形势可以用谨慎乐观来形容。下图是2015~2016年CIER[①]和GDP的走势对比。CIER与人力资源和社会保障部（简称人社部）发布的就业指数不一样，人社部是采用抽样调查的方法，由各地向上一级一级汇总，而CIER是采用大数据的计算方法，从智联招聘的平台中提取实时的就业数据，两种调查方法完全不一样。2015年以来通过CIER指数可以看出就业形势基本上比较平稳，市场需求总人数明显超过求职人数。尤其是2016年以来，虽然GDP增速保持稳定，但劳动力市场可以说是春江水暖鸭先知，就业形势已经开始明显好转，所以中国的宏观经济在总体上是处于平稳向好的阶段。

① CIER（China institute for employment research），全称是中国就业市场景气指数，是市场招聘需求人数除以市场求职申请人数的比值，是智联招聘联合中国人民大学中国就业研究所共同研究出来的就业指标。

经济新常态下的就业形势

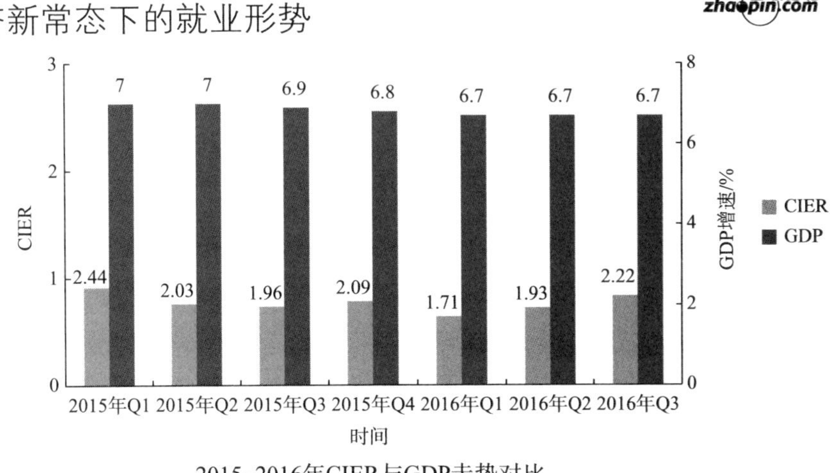

2015~2016年CIER与GDP走势对比

Q 表示季度

虽然就业形势总体向好，但同时劳动力市场风险在聚集。通过对比不同行业的就业形势，首先是 2016 年前三季度 CIER 指数最高的五个行业，分别是互联网/电子商务、基金/证券/期货/投资、保险、交通/运输和中介服务五个行业。具体来看，互联网/电子商务行业的 CIER 指数最高，并且在第二季度达到了 11.47，这意味着近 12 个岗位抢 1 个人，说明互联网行业的招聘需求非常巨大。排名第二和第三的分别是基金/证券/期货/投资和保险行业，第四是交通/运输行业，这主要得益于我国电子商务行业的快速发展，第五是中介服务，主要是房地产中介。这五个 CIER 指数最高的行业背后都有一个看不见的推手，就是资本，当资本密集涌入的时候，行业就会高速发展，但如果资本撤出，就会带来很大的就业风险，所以在就业形势趋稳好转的同时，也存在明显的风险聚集现象。

在 2016 年前三季度就业形势较差的五个行业中，CIER 指数最低的就是能源/矿产/采掘/冶炼行业，说明我国能源行业的就业市场已经非常饱和，在去产能等宏观政策的影响下，招聘需求明显低于其他行业。此外，石油/石化/化工以及电气/电力/水利等相关行业的就业也处于比较低迷的状态，虽然从整体上来看，我国的就业形势良好，但不同行业之间也有显著差异，实体产业不容乐观。

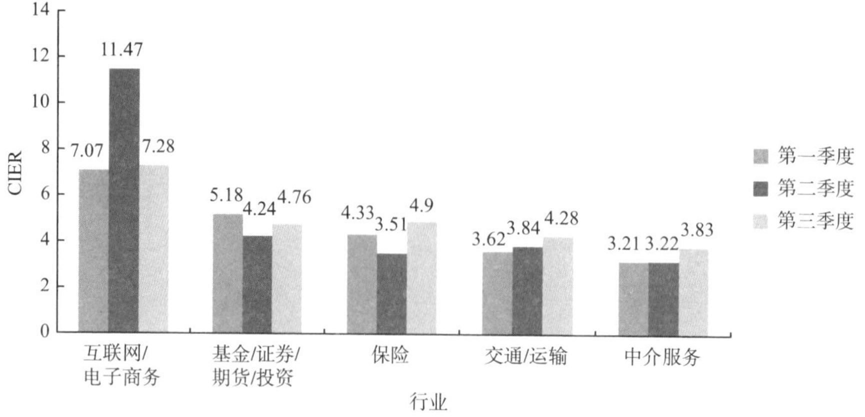

2016年前三季度CIER指数较高的五个行业

谨慎乐观的就业形势

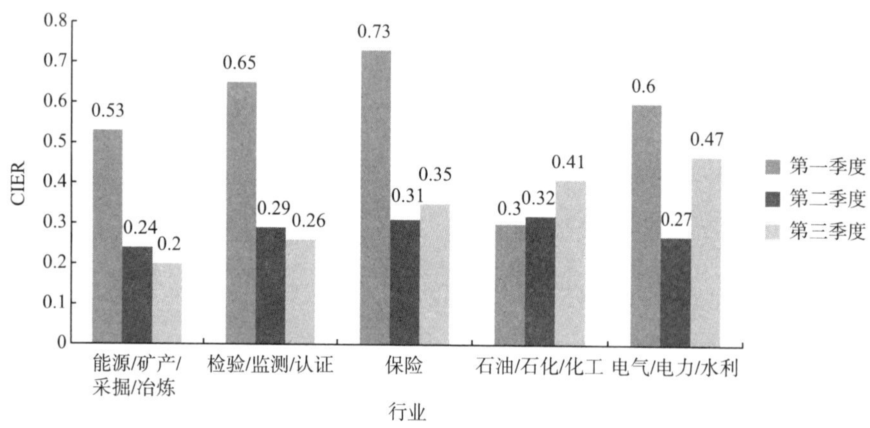

2016年前三季度CIER指数较低的五个行业

在经济新常态的2016年,人才跳槽会去向哪里?智联招聘对此开展了调查，分析各个行业的白领在跳槽时会选择去哪些行业。以房地产、互联网、加工制造、快消品（即快速消费品）和金融五个行业为例，可以发现不同行业的白领都会优先选择互联网/电子商务行业。一方面互联网行业在充足的人才支撑下会得到快速发展；另一方面也需要警惕传统行业的人才供血不足。

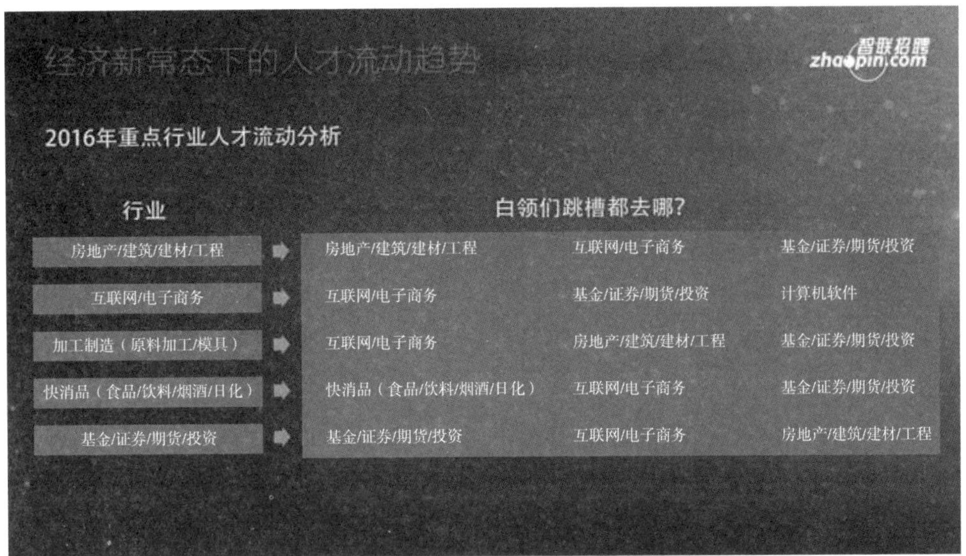

综上所述，我们可以发现在经济新常态的中国，人才流动也出现了新常态，主要表现在三个方面：第一是从传统行业流向新兴行业，互联网以及金融行业吸引了大量人才的涌入；第二是从低效率产业流向高效率产业，尤其是从实体产业当中的低效率岗位，流向了以互联网为代表的高效率岗位当中；第三是人才的跨界流动成为常态，行业、区域已经不再是限制人才发展的关键因素，越来越多的优秀人才开始跨界流动寻找发展机会。

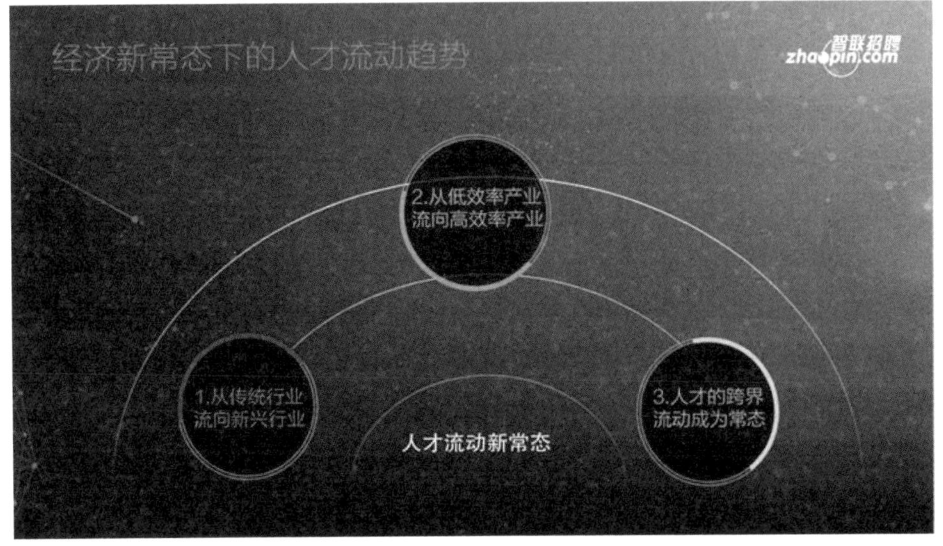

二、谨慎乐观背后的就业危机，劳动力资源结构性失衡

2016 年的就业形势可以用谨慎乐观来形容，在谨慎的背后也潜藏着就业危机，主要是劳动力的结构性失调和资源错配。首先从不同地区的职位数量来看，2016 年前三季度，东部地区在线职位数量占全国总量的 71%，中部地区和西部地区的占比分别为 13%和 11%，东北地区仅有 5%。虽然从变化趋势来看，中部地区和西部地区职位总量的同比增幅超过了东部地区，就业形势正在好转，但和不同区域的人口总量对比，就业机会的区域性差异非常明显。

不同级别城市所提供的就业机会也有非常明显的差别。在 2016 年前三季度当中，一线城市虽然只有北京、上海、广州、深圳四个，但在线职位量占全国总量的 40%左右。从变化趋势来看，一线城市的职位量占比处于下降趋势，说明新一线及二线城市的就业机会在不断增加，人才需求也在不断增加，但从总量来看，一线城市依旧是吸纳就业的绝对主力，二线和三线及以下城市的就业回暖相对缓慢。

除此之外，不同规模企业之间的就业形势也存在差距。中型企业和大型企业的规模较大，对人才的吸引力也更高，但招聘需求增幅最高的却是小型企业和微型企业，这主要是因为中型企业和大型企业在自身发展和转型的过程中，反而压缩了新增岗位的招聘需求，导致竞争更加激烈。小微企业虽然在扩张发展过程中会爆发更多的招聘需求，但受到企业品牌和福利待遇等因素的影响，市场受欢迎程度却稍显不足。

虽然 2016 年我国的经济形势和就业形势都呈现企稳回升的现象，但在劳动力市场上却会出现完全矛盾的两种声音：一种是经济学家或人口学家指出中国的人口红利已经消失，企业招人难，用工成本会不断上升；另一种是大学生毕业找工作难，年年都是最难就业季。这种现象背后的

经济新常态下的人才流动趋势

智联招聘 zhaopin.com

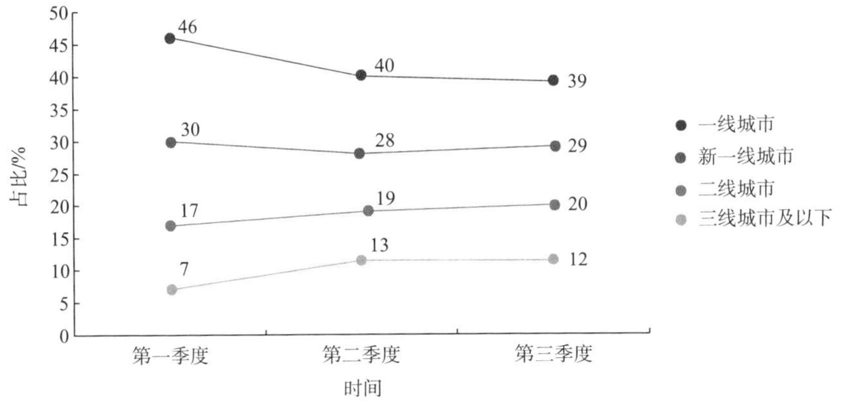

2016年前三季度不同城市职位总量占比

本质是我国劳动力市场存在巨大的资源错配现象。例如，目前大数据发展非常火热，但若在中国市场上招聘一个大数据专家，企业会面临严重的供给不足，经常需要去海外市场进行招聘。与此同时，高校的教育体系与市场需求存在脱节，高校毕业生可能具备丰富的理论知识，但缺乏市场需要的职业技能。去产能地区也存在同样的问题，不是市场没有工作岗位，而是去产能职工的职业技能与市场需求无法匹配。

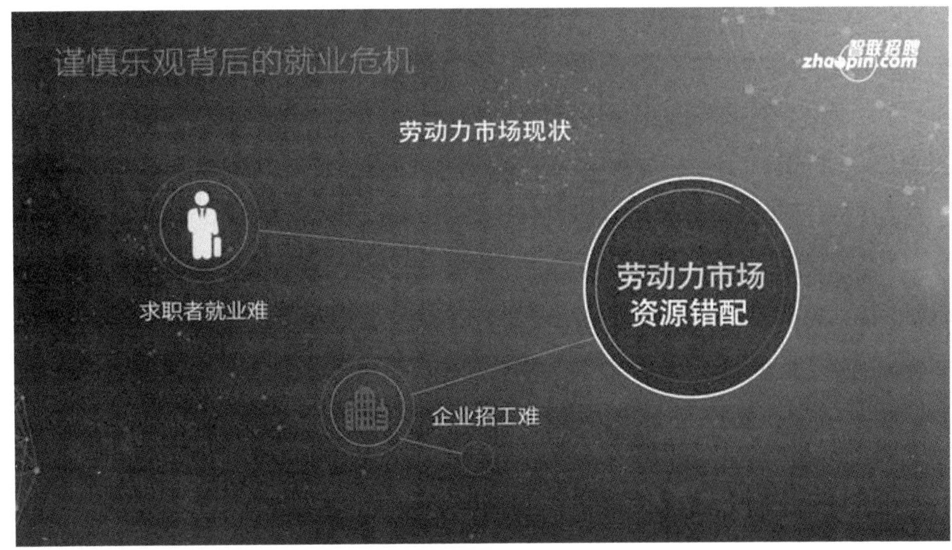

在结构性失业风险、地区差异不断扩大，以及供给侧改革人群工作技能缺失等因素的叠加下，劳动力资源的结构性失衡会不断加剧。在短期内可以通过提高工资、跨区域吸引人才等手段缓和这一矛盾，但不从根本上解决，未来一定会对经济发展造成巨大的影响。我们要建设人力资源强国，关键是要实现人才强国。在目前资源错配的背景下，我国对高端人才的供给已经明显不足，由于我国的人口红利已经消失，即便二孩政策已经全面放开，人力资源的补充也需要一个较长的时间周期。所以从当前来说，最重要的就是提高劳动者的知识水平和职业技能，实现人才强国。

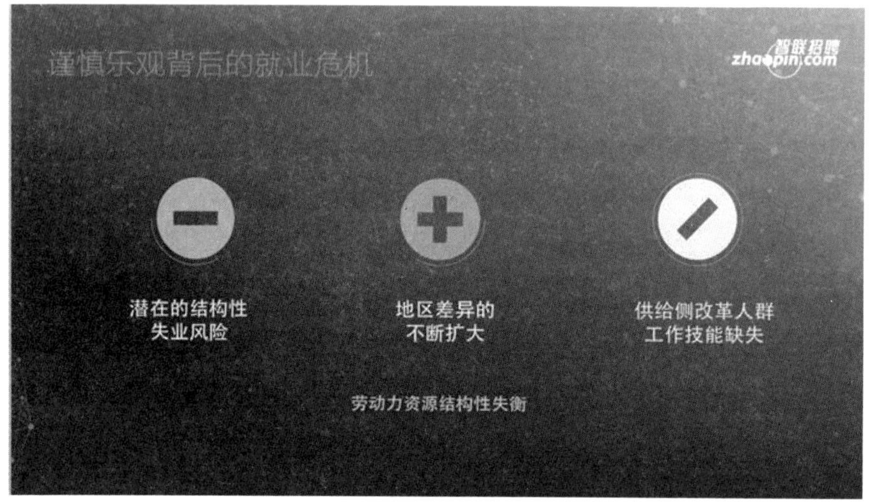

三、增强资源流动性，拥抱新业态

对于目前劳动力市场潜在的就业危机，首先需要增强劳动力资源的流动性，在流动过程中实现资源的合理配置；其次要积极拥抱新业态，为社会创造出更多的工作岗位；最后需要提升劳动力技能，以适应市场不断变化的用工需求。

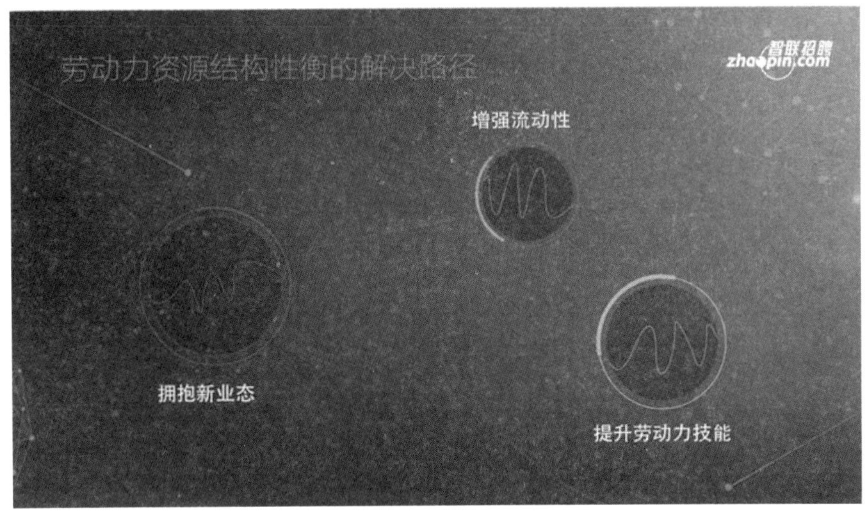

首先最关键的是要增强流动性。由于中国的人口红利已经消失，短时间内难以通过增加人力资源的方式满足不同区域和不同行业的需求，所以需要通过增强劳动力资源流动性的方式，让市场需求和市场供给进行更好的匹配。但在中国市场上人力资源的流动性相对较差，一方面是《中华人民共和国劳动法》对劳动者的过度保护，导致企业在辞退不合格员工时需要付出过高的成本，所以会降低大部分企业内部的员工流动率，也会变相阻碍企业招聘新的员工，另一方面也受到户籍、社保等政策的影响，人员的跨区域流动存在现实阻碍，导致区域用工成本的上升。

其次是要积极拥抱新业态。新业态虽然会给我国的税收体系、社保体系带来新的课题，但也会带来大量的新增就业岗位，并给劳动者带来诸如兼职顾问、平台化就业等劳动效率更高的新型就业方式，并不断提升自身的劳动技能，这也是解决劳动力资源结构性失衡的重要方法。

最后是要提升劳动力技能。在过去追求人口红利的时代，中国企业的劳动力效率是非常高的，但随着科技发展和中国的产业转型，单纯的劳动力数量增加已经难以提升企业的劳动效率，因为劳动者的固有技能与市场新兴需求并不匹配。例如，目前移动出行领域的共享经济发展非常火热，但出租车司机是一个简单重复的体力劳动者，虽然在短期内能带来就业岗位的增加，但不会给劳动者带来职业技能的提升，从长远来看不利于劳动力市场的健康发展。未来需要在政府的合理引导下，继续增加对劳动者的职业技能培训，让市场供给满足市场需求。

总体来看，中国目前的就业形势平稳向好，但在经济新常态下人才的流动趋势也呈现出新常态，并带来了区域发展不均、行业发展不均等潜在危机，导致就业风险聚集，其根本原因在于我国的就业市场存在结构性失调和资源错配现象，其中还包括隐性失业和低效率就业，未来希望能在政府的合理引导下，鼓励求职者的合理流动，发展高效率产业，并积极拥抱新业态，提升劳动者的工作技能，迎接更多的新就业。

李强：我是智联招聘市场公关部的负责人李强。智联招聘虽然是一家商业公司，但我们也非常重视企业的社会属性。智联招聘每年会在就业大数据的基础上进行调查研究，观察劳动力市场的发展变化趋势，如新一代年轻人在求职时更希望从事什么样的工作，企业的物质激励和非物质激励分别会产生怎样的影响；在当代年轻人眼中什么样的公司是好公司；中国女性的就业环境如何，大学生当前的就业形势如何；等等。这些都是我们在微观领域会开展的研究课题，并会把研究结果以公益报告的形势对外发布。接下来我们会再分享几个能够反映劳动力市场变化趋势的观点。

首先是社会公众的择业标准发生了明显改变。在求职市场上，薪酬的高低曾经是求职者最看重的因素,但智联招聘在2015年开展中国年度最佳雇主调研时发现，平等尊重的得票率超过了薪酬，成为求职者眼中好老板的核心标准，求职者普遍认为应该在用人单位得到足够的尊重，然后再考虑薪酬和发展，说明在雇佣关系中，求职者已经开始占据更加主动的地位。2016年最佳雇主的调研发现，以“90后”为代表的新生代员工更加关注企业的文化价值观,只有在雇佣双方价值观一致的前提下，才会愿意加入企业雇主。

通过这一系列变化以及调查研究后发现，在移动互联网时代，个体在组织中的价值得到了极大的增强，尤其是核心岗位，个人的力量甚至会超越组织能发挥的力量，所在雇佣关系中，代表着主动权的天平已经从企业一方转移到了求职者一方。所以薪酬不再是求职者唯一关注的因素，有没有共同的价值观、能不能得到足够的尊重，这些才是求职者择业时更加关心的因素。

第二个观点是“90后”的世界观和价值观已经更加成熟。“90后”作为一个特殊的群体，一度被媒体打上了各种标签，其中不乏负面意义的词语，但智联招聘通过对“90后”职场群体的调研发现，“90后”可能具备更多优秀的特质。例如，“90 后”是为兴趣而生的一代，择业时首先追求的是工作内容符合自己的兴趣爱好，也愿意为自己的兴趣付出额外的时间和精力投入到工作当中。

目前发展火热的互联网行业就是典型的代表，很多互联网公司都会实行扁平化赋权体系和弹性工作机制，在开放自由的企业文化引导下，年轻白领可以利用公司的平台和资源去从事自己喜欢的工作，追求自己的梦想和价值。在这种体系当中，不会有固定的上下班时间，但很多“90后”会自发地为了兴趣爱好而加班。

最后一个是关于中国职场女性发展的话题，这也是智联招聘每年持续开展的研究课题。2016 年 3 月智联招聘在北京大学的百年讲堂首次举办了中国女性领导力论坛，吸引了近千位女性同胞参加。在活动上我们分享了智联招聘对中国职场女性发展现状的调研成果，我们发现中国女性同胞的就业比例远远高于世界平均水平，说明男女基本已经站在了一个起跑线上，但有 65.6%的职场女性认为没有在公司享受到足够的特殊福利，如母婴室、产假执行不到位等。不过值得高兴的是在中国职场中女性担任高管的比例已经大幅提升，超过 88%的职场人群认同女性可以胜任公司高管，说明女性的职场生存现状正在不断好转。以上是我分享的研究观点，谢谢。